老兵照片①

老照片最能勾起人们对往事的回忆

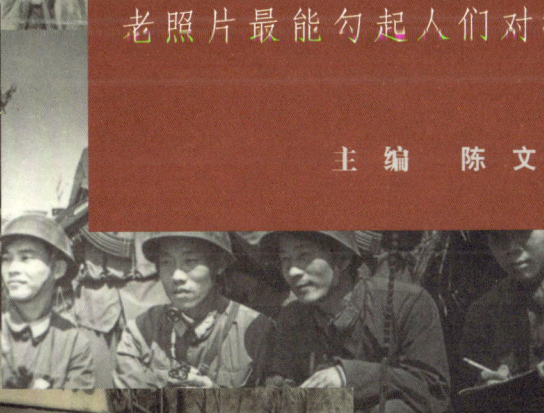

主编　陈文

羊城晚报出版社
·广州·

图书在版编目 (CIP) 数据

老兵照片.1 / 陈文 编著.- 广州：羊城晚报出版社，
2007.5
　ISBN 978 - 7 - 80651 - 567 - 9

　Ⅰ.老…Ⅱ.陈…Ⅲ.① 军人 - 生平事迹 - 中国 - 现代 -
摄影集② 中国人民解放军军史 - 史料 - 现代 - 图集
Ⅳ.K825.2 - 64　E279.5 - 64

中国版本图书馆 CIP 数据核字 (2007) 第 050141 号

老兵照片 ①
Lao Bing Zhao Pian ①

责任编辑 / 乐　瑛　黄捷生　赫子仪
装帧设计 / 山　内　陈　扬　陈金玉
责任校对 / 雷小留
责任技编 / 林静文　汤卓英
出版发行 / 羊城晚报出版社 (广州市东风东路733号　邮编：510085)
　　　　　　发行部电话: (020) 87776211 转 3824
出版人 / 罗贻乐
经　销 / 广东新华发行集团股份有限公司
印　刷 / 深圳市普加彩印务有限公司 (深圳市龙华创艺路亿康工业园B座　邮编：518109)
规　格 / 787x1092 毫米　1/20　印张 10　插页 2　字数 120 千
版　次 / 2007 年 5 月第 1 版　2007 年 5 月第 1 次印刷
书　号 / ISBN 978 - 7 · 80651 - 567 - 9/K · 16
定　价 / 80.00 元

张小棣
[广州军区空军]

92

刘国旦
[南京军区空军]

39

张湘军
[广州军区空军]

76

77

陈灿辉
[东海舰队航空兵]

26

谢娃玲
[空46师飞行大队中队]

72

刘冬成
[空军铁道兵]

105

郑运安
[北京军区]

100

101

回忆

从这里开始

读老兵照片

《老兵照片》丛书主编　陈　文

在编辑《老兵照片》这些日子里，每天翻来覆去地看这些陈旧的照片。人深深地陷入时间的黑洞，在回忆中沉思。这些曾经存在但现在不复存在的东西只剩下照片时，空气中都能呼吸到湿润的惆怅和伤感。

当我决定专门从事老兵照片的收集整理和编辑出版工作时，心里是没有底的。用生活照片表达个人的历史，用历史的视角去评价个体生命的价值，对个人的视觉历史进行研究，在国内尚属空白。即使在崇尚个人价值的西方社会，也很少有人问津。因为这项工作太繁细，在浩如烟海的私人相册中选择有时间符号的照片，来还原曾经的生活。我的历史观和人生经验都显得不足。好在这项工作得到了很多老兵的支持，他们纷纷送来了很多照片，有的还抱来了影集，从精神上给予巨大的支持，使我一直坚持着。

老兵们送来的照片，展示了那个时代军人的精神面貌和真实生活场景。有参军时照的第一张照片，有探亲时照的全家福，有与亲密爱人的合影，有与战友的留念，还有战争、训练、抗洪、抢险、救灾等军人天职的现场记录。那些日常生活细节原生态地记录了过去的时光。

这样的画面，很容易让人体味到：亲切、温暖、感动、力量。随着时光的流失，那些曾经鲜活的青春军旅故事静静地凝结在一张照片时，生命中所有的轰轰烈烈和生死离别，都归于平静。

平静并不等于忘却，每一个当兵的人离开军营之后都带走了一段永恒的绿色记忆，记忆是生命的银行，储存着我们过往生活的全部财富。而军旅照片，就是提取记忆的支票。当我们通过回忆，重温过去的生活时，不仅仅是一种怀旧，更多的是表达对生命的热爱。

我也当过兵，在看这些照片时，常常唤醒我对过去生活的追忆。我想起了我的18岁，坐一列闷罐火车离开故乡的情景，父亲、母亲、小弟站在车窗外不停地挥动着手；我想起我的初恋，每天坐在通铺上写一封又一封的情书，寄给南方的她；我想起了我的外婆，在南疆战火纷飞的日子，她点着高香，跪着求神拜佛保佑我的平安。如今，我已人到中年，外婆已变成故乡的一抔黄土；我想起了牺牲的战友，永远只有18岁，至今还睡在边关；我想起了我用过的钢枪，我坐过的军车，我住过的帐篷，我戴过的帽徽和领章，还有那个漂亮的女兵……

相信别人在读这些照片时，也会从中寻找到自己青春的影子和记忆的源头。

把一个人不同年龄的照片放在一起，时间瞬间压缩在纸上，让人强烈地感触到时间流失的速度抽动的心痛。但同时，也感知到生命不可复制的深度和坚韧。真正珍惜过去的人，是不会悲叹青春美好时光的逝去。

明白了这一点之后，我们能做的就是为老兵们提供一张干净的纸，把他们送来的照片放在上面就行了。老照片上的一些东西，会自然地到达各个心灵的角落。

当兵是一个人的经历，也是一个人的历史。无数个人的历史集中在一起，就成为民族的历史，国家的历史，人类的历史。这样的说法听起来觉得"大"了些，世象确实是这样。在东方文化的骨髓里，承认个体生命的价值，还有很长的路要走。

《老兵照片》的出版，仅仅是提前走了一步。

目 录

5　**前　言**
　　读老兵照片——陈　文

8　马德良
12　金敬迈
16　周兆炎
18　何锡银
22　刘明玖
24　张国贵
26　余锦尧
28　陈灿辉

33　**中国人民解放军大事记**
1949年10月1日—1963年3月5日

36　陈扬菊
40　刘国旦
42　李秉棠
43　林国旺
44　谢天聪
46　谭林冲
50　林伯茂
52　程亚荣

56　陈维庆
58　陈均源
60　林石华

65　**中国人民解放军大事记**
1963年4月25日—1968年10月5日

68　夏会臣
72　林茂光
74　谢娃玲
78　张湘军
82　成善松
84　张铎章
86　袁德和
90　麦金华
92　毛金初
94　张小棣

99　**中国人民解放军大事记**
1969年3月2日—1974年1月17日

102　郑运安

104　陈志强
107　罗可华
108　李志坚
110　陈　忠
112　潘玉荣
114　余祖富
116　赵根源
118　张建华
122　陈　飞
122　苏云凤
126　吴善积
128　胡国荣
130　马　青

135　中国人民解放军大事记
1976年7月28日—1981年5月5日

138　李金成
142　王翠华
146　蒋亚信
148　倪木炎
152　吴志强
154　桂　萍

156　张　佳
160　徐冬宁
162　杨朝芬

167　中国人民解放军大事记
1981年9月20日—1985年11月18日

170　王　毅
173　李旭辉
174　甘水波
176　王东飚
180　陈国安
182　李一文
186　刘　锋
190　朱建军
192　李　炎
194　张　洁
196　刘冬成

200　编　后

马德良

[兰州军区]

1932年生于辽宁省辽阳市。1948年2月解放大军路过家门口就跟着队伍走了。曾参加过黑山阻击战，平津战役。后随第四野战军南下解放广东、海南岛。在路上整整走了两年。白天睡觉，夜里行军。当过连队卫生员、学员、军医、卫生所长、医院副院长、院长。1989年从陕西临潼解放军33医院院长岗位上离休。现在广州某干休所安度晚年。

16岁入伍，一起入伍的有6人，现在只剩下3人了。当时黑山阻击战打了半个月，每天抢救伤员10多名，有一个先锋队的卫生员也被炸断了双腿。战斗的激烈记忆犹新。新中国成立后，随47军在九江、广州、桂林、湖南、陕西蒲城驻扎过，一家人也随他转战南北。70年代中两个子女也像他一样应征入伍，在部队的大熔炉里成长。

1	2	3

① 1955年2月8日，我军实行军衔制。当时被授予少尉军医
② 1955年，与在长沙163医院学习的学员合影
③ 1950年，随第四野战军下江西九江时，马德良（左二）与战友学跳苏联士兵舞

快乐生活在一起

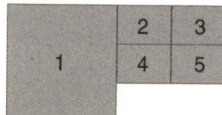

伟大的导师 伟大的领袖 伟大的统帅 伟大的舵手

毛主席万岁！

		2	3
1		4	5

① 1968 年，正值"文革"高潮，与儿子在广州市海珠广场留影

② 1965 年 3 月马德良（前右）与一起战斗 15 年的战友合影

③ 1978 年与家人在西安华清池合影

④ 1986 年，马德良（右）在陕西临潼 33 医院

⑤ 2003 年，在干休所与老伴司徒翠意合影

金敬迈

[广州军区 创作组]

金敬迈，1930年生，江苏南京人。六岁开始读书，抗日战争爆发后，随家流亡于湖北、湖南、四川等地。高中毕业后，1949年5月参加中国人民解放军，在第四野战军后勤宣传队、文工团任演员；1953年曾调西南军区话剧团任演员；1955年起任广州军区战士话剧团演员；1962年任话剧团创作员；1965年底创作长篇小说《欧阳海之歌》，被毛泽东称为"大作家"。1967年初调入北京，负责文艺口工作。1967年底至1976年坐牢劳改；1978年9月正式平反，公开恢复名誉，任广州军区创作组创作员，1988年离职休养。

① 毛泽东接见金敬迈
② 1966 年在人民大会堂作报告
③ 金敬迈的成名之作《欧阳海之歌》
　 从 1966 年出版至今，发行 3000 万
　 册。成为中国发行量最大的小说

	1		4
2	3	5	

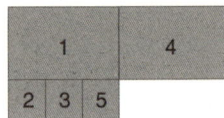

① 1978 年出狱后，与刘少奇夫人
王光美在一起
② 1973 年，妻子曾三与两个孩子
一直不知道金敬迈的消息
③ 青年时的金敬迈
④ 2003 年的金敬迈
⑤ 出狱后的金敬迈一脸劫后余生

周兆炎

[广州军区空军]

汉族，1944年10月出生，浙江省温州市人。1964年8月考入解放军技术工程学院，大学本科学历，研究员职称。曾任副师职所长、空军大校、中共广州军区空军党委委员。1995年3月转业。历任广州市科委副主任、广州高新区筹委会副主任、广州市人民政府副秘书长，广州市知识产权局局长、党组书记。华中科技大学兼职教授。

① 1965年9月被评为五好学员时留影
② 成长为空军大校的周兆炎
③ 1964年9月在解放军技术工程学院留影
④ 1992年，周兆炎（左三）陪同广州军区
　空军首长参观部队荣誉室
⑤ 转业后的周兆炎
⑥ 2001年与中国男子足球教练米卢合影

1	2	3	4
5			

① 1960 年任班长的照片
② 1966 年任排长时的照片
③ 1972 年在昆明市西山区党代
　表会上投票选举区委委员
④ 1973 年在部队宿舍学习文件
⑤ 2005 年参观遵义会议旧址

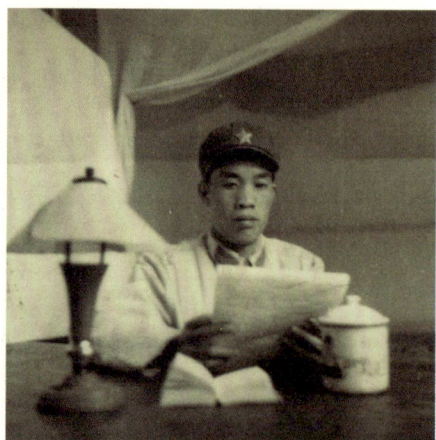

何锡银

[昆明军区]

　　1942 年 2 月 23 日生于贵州省习水县良村街。1958 年 11 月在习水二中应征入伍，历任步兵某军 49 师高炮二连侦察兵，49 师 146 团一营一连战士，在 146 团 82 炮连先后任指挥班长、排长、副连长；146 团炮兵参谋，146 团 75 炮连连长，31 师 92 团炮兵股长（其间，1970 年 1 月—1975 年 6 月，曾任昆明市西山区革委常委，党的核心小组成员，区委常委，区公检法军管小组组长，人保组长）。在部队分别荣获连口头嘉奖和团通报表彰各两次。

　　1978 年 9 月转业后先后任贵州省赤水县邮电局局长、党支部书记；遵义地区邮电局干训班主任、纪检组副组长、政治处副主任、人事科科长、工会主席；1998 年 10 月邮电分营后，任遵义市邮政局工会主席至 2002 年 3 月退休。

18

难忘军旅生涯

■文／何锡银

"军队是所大学校"这一论断，我至今记忆尤深，这所大学校使我由一个青涩少年迈向成熟。

解放初期父母双亡，我成了一个孤儿，地方政府每月发给我四元钱的生活经济费（当时机关干部每月的伙食费才5元），就读初中期间，学校评给我每月7.5元的甲等人助金，除每月生活费5.4元外，还有2.1元的零花钱！我就是在这种比较优越的条件下应征入伍的。起初，我很不适应部队的艰苦生活，经过"三关"磨炼和三年困难时期，我才真正懂得为什么当兵和怎样当好兵的道理，继而变为加强政治学习和刻苦训练的动力。

新兵在我们县里集中后，正是数九寒冬，每天7：00起床，集队跑步到郊外的水塘边破冰洗漱。几天后，我的脸和手均有冻裂，曾产生过不该当兵的想法。就在我动摇之际，接兵排长委任我当了新兵班长，并不断鼓励我要带头吃苦。成了兵头将尾后，逼使我放弃了不想当兵的念头，咬紧牙关渡过了第一关。

到部队后，没有经过新兵的先期训练，而是直接编入连队支援地方建设，修建滇黔铁路，在高强度的体力劳动中，我有些吃不消，没几天就患了感冒发烧，又曾一度产生了动摇；在驻地休养中，眼看战友们为完成上级下达的挖、运土石方的任务，起早贪黑、汗流浃背而不后退，在这种不怕苦的精神的激励下，我带病加入了战友们的施工队伍，再咬牙渡过了第二关，受到工地营首长的表扬。

1963年夏季，师党委决定进行全师性的远距离拉练演习，每天跋山涉水近百里，我们的炮是骡马运载，走山路比步兵要慢得多，有时连饭都未做熟，全师行进号已吹响，我和战友们只好饿着肚子向前赶，拉练两天后，我双脚底打满了血泡，有的还是重重泡，战友们戏称我为"泡兵司令"。在我精疲力尽时，连首长和战友们不断鼓励我，有时还帮我减轻负荷，战友情使我克服了等待收容队用车拉到目的地的想法，我随大队一道继续步行，闯过了第三关。

"三关"历练，我由不安心到安心、由不成熟逐渐走向成熟，在学习和训练等方面积极向上，年年都取得了较好成绩。

60年代初，全国处于3年困难时期中，地方供应部队的生活物资严重缺乏，常常有计划而无供应。当时，粮食供应由每人每月45斤减至44斤。部队基本生活的菜、油、盐等也相应减少，肉、猪油和糖基本没有供应，生活清淡，即使连队自己喂养的猪，喂大后也要上交，据说是以物抵苏联的债。在这种情况下，连队采取了"干稀结合，菜粮并举"的措施，早上每人一个馒头加两碗菜、米各半的清稀饭，正餐也是干饭和菜稀饭各半。记得有一个连队的稀饭煮得太稀，大家就编了一首打油诗——"走进某连门，稀饭几大盆，泼在公路上，汽车都跑不赢。"

在油水严重缺乏的环境中，经常发生抢饭吃的现象，我和战友们是吃得多，饿得快，刚吃完上顿就盼着下顿，营养不足，使有的战友和地方老百姓一样患了"浮肿病"。记得有个战友因为偷吃了一个病号剩下的饭，连首长像破大案要案似的召开全连军人大会把他揭发出来，又对其进行集体帮助，有点像以后的"文革"批斗大会。这种不足一提的小事在当时却轰动全连，足以说明，当时的生活紧张到何种程度。为了改善生活，在保证完成年度训练的前提下，我曾参加部队组织的打猎队，到离驻地很远的山上猎狩。当时规定，每打两发子弹就必须上缴10斤以上的猎物，穿山越岭所获，除内脏用于打猎队的慰劳外，其余全部运回部队。其他战友在训练之余，也会上山采野果与米同煮。有一次，我们连炊事班的同事在中午饭中加了少量的经过加工的"青杆籽"，大家吃了都无事，爱兵如子的连长为让大家吃饱，要求炊事班在下午饭中多加些，连首长的好心没得好报，饭后不久，发生了食物中毒。饭量大、吃得多的中毒严重，急送省军区44医院抢救治疗。我和中毒轻的战友在军医的指导下就地调养，并由省军区特批补助粮，吃了几天的净米饭，当时，这是难得的"因祸得福"。困难时期，我们切身体会了"饱汉不知饿汉饥，饿汉才知米珍贵"的道理。

1961年八一建军节，经上级批准，我们连杀了一头饲养的猪庆祝。下午就餐时，平均每人一斤净肉和一斤米饭，还有骨头汤一大锅。这么多东西被横扫得一干二净，有的战友吃得过多，为防意外，卫生员用背包绳将其捆在椅子上，确定没有断肠危险后，才为其松绑……后来，随着全国经济形势的好转，部队正餐采取平均主义方式，按人头蒸"罐罐饭"，1962年中旬，改为"分桌定量就餐"，直到1963年初，才放开肚皮吃。我们就是从这些现在看来不可理喻的事实中走到了丰衣足食的今天。

1	2	
	3	4

①1968年在昆明警备区执行任务时都骑自行车
②1968年3月出席庆功大会时，与全体受奖人员合影（三排右一）
③1967年10月在"三支两军"中与贵阳师院"红卫兵"合影（前左二）
④1970年，与爱人、长子、战友合影（后排左一）

七六一六部队留守处贺功大会 1968.3.8.

21

刘明玖

[广西边防部队]

  1944 年 8 月出生，1962 年 6 月应征入伍，1965 年 1 月入党，荣立二等功一次。曾在 53023 部队任班长、排长、副连长、政治处干事、战勤参谋。在 1979 年 2 月对越自卫还击战中，任连队政治指导员，带领全连战士英勇作战，出色完成战斗任务，连队荣立集体二等功。1979 年 9 月从野战部队调至广州警备区，先后在从化县人民武装部、花县人民武装部任政工科副科长、军械科长、后勤科长。1986 年 1 月转业到中国建设银行广州市花县（现为花都区）支行任副行长，1992 年 2 月起任中国建设银行广州市花都支行行长。被中国建设银行广州市分行评为"在 1996—1998 年向商业银行转轨期间作出突出贡献的先进个人"。现退居二线。

  枪声炮声已从记忆中远去，生命中绿色的情怀依旧。

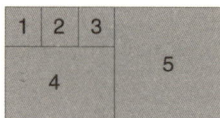

1	2	3	
4			5

①1979 年 2 月，荣立二等功
②1979 年作英模事迹报告
③2003 年的刘明玖
④1979 年 3 月 10 日自卫反击胜利后与
  战友一起合影留念
⑤1979 年 7 月，在广西平孟边境值班

张国贵

[海军南海舰队]

　　三级警监，中共党员。广东省徐闻县人，1962年入伍，曾任海军航空兵某部政治处主任。毕业于南京海军学院、海南教育学院，1986年转业，曾任广东省湛江市公安局副局长（正处级），兼任中国犯罪学研究会常务理事。

　　多次立功受奖，被授予"五好战士"、"优秀党员"、"优秀党务工作者"等光荣称号。主编《走私犯罪的惩治与防范》一书，主编、主审《公安工作研究丛书》（第二辑五册）、《公安机关办案程序规范文字制作》并荣获公安部第三、四届"金盾图书奖"二、三等奖。在中央、地方各种报刊发表了30多篇20多万字理论文章，获奖丰厚。其中《谈谈选准人用好人的问题》被评为全国党风与用人科学成果一等奖。

　　青春封存在影集里，生命的激情永远不会老！

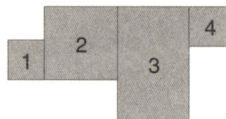

①年轻的海军军官张国贵
②1963年5月1日，七班同志留念照片
③70年代在海南岛
④在湛江市当公安局副局长时的照片

24

余锦尧

[万山要塞区守备师]

余锦尧，1964 年入伍，1984 年 4 月从万山要塞区守备第十一师第十五团船运中队转业到珠海九洲港，同年 7 月起任珠海九洲港客运公司（现珠海高速客轮有限公司）总经理、党支部书记至今。系中国船级社（CCS）华南地区委员会第一、二届委员，珠海市科学技术协会第四届委员。

多年来，公司有多艘船舶荣获粤港水路客运安全优质服务质量"珠江杯"、"全国安全优秀船舶"、"全省安全优秀船舶"称号，公司还多次荣获珠海市"文明单位"、"先进基层党组织"、"模范纳税大户"称号，荣获广东省交通厅 1999 年度省交通运输系统"两个文明建设先进单位"称号。

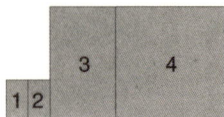

① 风华正茂时
② 1997 年在珠海－香港夜航开通新闻发布会上
③ 大海、小船、青春、士兵
④ 1969 年，在毛主席韶山旧居前留影

26

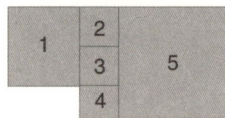

北京
天安门留影
一九六六年十一月

1	2	5
	3	
	4	

①1966 年 11 月，北京天安门
②1970 年，在广州爱群大厦留影
③70 年代，在上海外滩
④1965 年的新兵照片
⑤1968 年赴越作战，在高炮战地（右一）

陈灿辉

［海南军区政治部］

　　陈灿辉，1947 年元月生于广东罗定罗镜镇。1965 年 7 月考取广州军区桂林步校。毕业后到广州军区炮兵部队，赴越作战。先后任组织干事、代指导员、组织股长，1983 年任海南军区政治部干部处副团职干事。立三等功两次。1986 年转业，历任肇庆地委组织部副科长、军转办副主任兼预备役团政治处副主任、副政委，肇庆市军转办主任，现任肇庆市委组织部正处级部务委员。

　　先后获"军转先进工作者"、"学雷锋先进个人"、"先进预任军官"、"人武之星"等荣誉称号，1996、1998 年两次被国务院军转办评为"军转宣传先进个人"，2001 年被评为"全国军转先进工作者"。

　　当兵卫国的岁月里，绿色的记忆永存，老去的是时间！

　　陈灿辉在部队时经常到全国各地接兵或出差，每到一处都在当地的标志建筑景点照一张相，无意中记录了中国都市的变迁。

①1966 年 12 月在哈尔滨留影（中）
②1976 年与妻子在海南军区
③1976 年与家人在海口市公园留影
④70 年代骑黄河牌三轮摩托车
⑤70 年代在海南军营
⑥2003 年，陈灿辉和他获得的荣誉证书

生命

中最红的记忆

中国人民解放军大事记

1949 年 10 月 1 日—1963 年 3 月 5 日

1949年10月1日

首都隆重举行
开国大典

本月1日下午，首都北京30万军民聚集天安门广场，隆重举行开国大典。中华人民共和国中央人民政府主席毛泽东向全世界庄严宣告：中华人民共和国成立。由中国人民解放军三军将士组成的受阅部队举行了盛大的阅兵式。聂荣臻任阅兵总指挥，朱德检阅部队。阅兵之后，受阅部队以威严的军容进行了分列式。

接受检阅的陆军

1950年10月19日

志愿军从长甸渡口跨过鸭绿江

中国人民志愿军
开赴朝鲜作战

1日，朝鲜劳动党和朝鲜民主主义人民共和国领导人金日成、朴宪永致函毛泽东，请求中国出兵，支援朝鲜抗击美国侵略的战争。为了挽救朝鲜危局，保卫中国的安全，维护东方和世界和平，抗击美国侵略，中共中央从国际主义和爱国主义的立场出发，毅然作出了"抗美援朝，保家卫国"的重大战略决策。8日，毛泽东主席发布命令："着将东北边防军改为中国人民志愿军，迅即向朝鲜境内出动，协同朝鲜同志向侵略者作战并争取光荣的胜利。"19日，中国人民志愿军部队在司令员兼政治委员彭德怀的率领下，分别从安东（今丹东）、长甸河口、辑安等口岸，跨过鸭绿江，进入朝鲜境内，开始进行抗击美国侵略，支援朝鲜人民，保家卫国的作战。伟大的抗美援朝战争由此拉开帷幕。

前线对敌广播站

1955年9月27日

解放军实行
军衔制度

中国人民解放军军衔制度于本月开始正式实行。27日，北京举行了隆重的授予元帅军衔及勋章典礼。毛泽东主席向朱德等10位元帅授予了元帅军衔，并向有功人员授予了各种勋章。27日下午，国务院举行将官授衔典礼，周恩来总理向粟裕等10位大将和在京的上将、中将、少将军官授予军衔和勋章。28日，国防部举行授衔仪式。彭德怀部长向在京的部分校官授予了军衔和勋章。在此前后，全军各级机关和部队均举行了隆重的授予军衔和勋章仪式。被授予中华人民共和国元帅军衔的有：朱德、彭德怀、林彪、刘伯承、贺龙、陈毅、罗荣桓、徐向前、聂荣臻、叶剑英。被授予中国人民解放军大将军衔的有：粟裕、黄克诚、陈赓、徐海东、张云逸、谭政、许光达、肖劲光、罗瑞卿、王树声。此外，还授予上将军衔55人、中将军衔175人、少将军衔804人，授予少将以上军衔者合计1054人。此后，又选升上将2人、中将2人、少将558人。至1965年，中国人民解放军共授予少将以上军衔1616人。

授勋典礼大会会场

1958 年 8 月 17 日

杨成武下连当兵

干部下连当兵

8月17日至30日，毛泽东主席在中共中央政治局于北戴河召开的扩大会议上，发出了全体干部每年参加体力劳动1个月、人民解放军军官每年下连当兵1个月的号召。总政治部根据此指示，结合军队的实际情况，于本月20日作出了下连当兵的规定。要求各级干部，除年老体弱、有病者外，每人每年至少要用1个月的时间下连当兵；下连当兵的干部，应编入班、排，归班、排长领导，在连队过党团生活，与士兵同吃、同住、同劳动、同操练、同娱乐。当兵期满时，连队对下连干部作出鉴定。根据这一规定，人民解放军从大军区首长到各级领导机关的干部，都有计划地下放连队当兵锻炼。杨得志、许世友、杨成武、邓华等军区司令员下连当兵的事迹在军内外引起强烈的反响，"将军当兵"一时传为美谈。人民解放军不仅出现了干部下连当兵的热潮，而且由下连当兵逐步发展为干部下连蹲点、机关干部下部队代职等制度。

1963 年 3 月 5 日

毛泽东发出"向雷锋同志学习"的号召

雷锋，是沈阳军区工程兵第10团运输连班长，是在毛泽东思想哺育下成长起来的伟大的共产主义战士，1960年1月入伍，1962年8月15日不幸因公牺牲。

伟大的共产主义战士 —— 雷锋

1962 年 10 月 20 日

边防部队发起中印边境自卫反击作战

中国和印度的边界线（传统习惯线）共约1700千米，分东、中、西三段。印度独立之后，对中国的西藏地区推行扩张主义政策。从1951年起，印度军队在中国和平解放西藏前后，在东段中印边境大举向非法"麦克马洪线"以南地区全面推进，陆续侵占了约9万平方千米的中国领土。在中段侵占了2000多平方千米的中国领土，而且还要在西段侵占3.3平方千米的中国领土。中国政府为了避免边境武装冲突，曾在1959年建议中印双方从实际控制线全线各自后撤20千米，但遭到了印度政府的拒绝。中国单方面停止了巡逻。从1961年开始，印度军队先在中印边境西段，后在东段越过中印双方实际控制线，蚕食中国领土，建立侵略据点，多次挑起边境冲突。中国政府多次提出通过谈判和平解决边境问题的建议，均遭到印度政府的拒绝。1962年9月，印度军队第7旅竟然向非法的"麦克马洪线"以北大举推进，侵占中国克节朗地区大片土地，并开枪打死打伤中国边防人员，制造了流血

20日，中国边防部队奋起反击入侵中印边界西段的印军

事件。本月12日，印度总理尼赫鲁不顾中国政府的多次抗议和警告，公然下令要把守卫在中国领土上的中国军队清除掉。20日，印度军队调集10多个旅共2.2万多人，在中印边境东段和西段同时发起大规模进攻。为了维护领土主权完整和保卫边境安全，中国人民解放军边防部队在忍无可忍的情况下，被迫发起自卫反击作战。中印边境自卫反击作战分为两个阶段。第一阶段为本月20日至28日。在各族人民的支援下，人民解放军西藏边防部队在中印边境东段克朗节地区全歼印军第7旅和其他印军一部；人民解放军新疆边防部队在中印边境西段清除了印军在中国领土上非法设立的37个侵略据点。24日，中国政府发表声明，提出停止冲突、重开谈判、和平解决边界问题的3项建议。印度政府于当天拒绝此建议，同时继续向边境地区调集重兵，再次在中印边境东段和西段发起猛烈进攻。中国边防部队被迫再次进行反击，于11月16日至21日实施第二阶段作战。在西山口、邦迪拉和瓦弄等地区，西藏边防部队先后击溃各路入侵的印军，一直追击到中印边界传统习惯线附近；新疆边防部队拔除印军在西藏班公洛地区的侵略据点。

毛泽东题词

陈扬菊

[广州军区空军]

　　1947 年出生于湖北新州县。1965 年选调飞行学员入伍，1968 年从航校毕业后历任飞行员、飞行中队指导员、团政治处主任、军区空军保卫部科长、飞行团政委，1987 年转业到广东外贸开发公司，1997 年派往组建清溢精密光电（深圳）有限公司，担任副董事长兼总经理。现任清溢和衡管理咨询公司董事长，被聘为中国管理学会高级会员。

　　在 2002 年公司获得"深圳首届质量管理奖"时，陈扬菊说："这是把军队优良传统与当代最优秀的管理理念有机结合的结晶。"这个曾在部队待了 22 年的老兵，于他如今时尚的衣着举止间，我们仍可寻见当年英姿飒爽的影子。

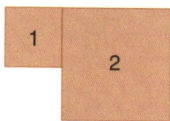

1	
	2

①执子之手，与子偕老。
　此为 1973 年结婚照
②1969 年，风华正茂

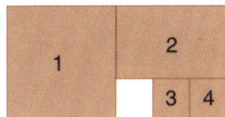

① 1969 年在飞行员宿舍
② 1981 年时的英姿
③ 1983 年，享受一双儿女
带来的喜悦
④ 2000 年，摄于悉尼

刘国旦

[南京军区空军]

1949年1月1日出生于广东梅县，1966年于广东省选飞入伍，1966年至1967年在陆军某部锻炼，1967年至1969年在空军飞行第四学院任飞行员，1969年至1992年在空军航空兵某团，历任飞行员、中队长、侦察射击主任、副团长、团长；1985年至1988年在中国人民解放军空军学院学习；1992年至1994年在空军上海指挥所任参谋长助理（副师）；1994年至今在深圳机场公司历任机务工程部支部书记、机场运营总部党总支副书记、航空货站党支部书记、机场集团工会副主席、机场集团副总经理、纪委书记。

1		
2	4	5
3		

① 1967年五一留影
② 刘国旦和僚机杜义宏（左）
③ 2003年在办公室
④ 1966年11月的刘国旦
⑤ 刘国旦飞行前留影

李秉棠

[广州军区后勤部]

　　李秉棠，广东梅州市人，1968年入伍。他说，就是这么一路走了过来，故事不多，没什么可写的。管理企业的他仍然怀念当兵时的岁月，他给我们看那时候的照片，人很年轻，很有朝气，21年军旅磨炼，做过技术兵，做过宣传教育，做过政工领导。军旅生涯结束了，但激情燃烧的岁月没有结束。坐在中国人寿保险公司茂名分公司总经理明亮的办公室里，听他追忆似水年华，我发现，某些老照片里的东西，依然在他眼里闪烁。

①1979年2月在对越自卫
　还击作战期间，在越南高
　平与坦克一师战友留影
②1969年的李秉棠
③1985年照片

林国旺

[广东佛山军分区]

　　1950 年 11 月出生于广东蕉岭。1969 年 2 月至 1978 年 9 月在佛山军分区服役。1978 年转业任新会招待所副所长。1986 年 10 月至今在新会区人民政府信访办工作。1996 年和 2001 年两次被评为省信访先进工作者，2002 年获得江门市劳动模范称号。

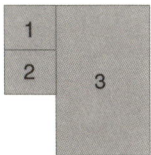

① 16 岁，第一张照片
② 2003 年的林国旺
③ 1972 年在佛山军分区大院

谢天聪

[广州军区炮兵部队]

1968年从华南师范学院数学系毕业后，分配到某部锻炼，1969年底到湖南洞庭湖某部锻炼。1971年3月，接受了两年的劳动锻炼后，都像变成了另一个人似的，对军队充满了恋情。尽管每个学生都带着不同的想法来，但两年后都有同一个想法：想留在部队。但当时名额非常有限，每个学生连只能留下两三名。谢天聪有幸留在了部队，开始了一段军旅人生，入伍到某部从事宣传工作。1976年转业，曾任广宁县委书记、肇庆市委常委、组织部长、广东省肇庆市人大副主任。

谢天聪离开军营已经20多年了。在他简朴的办公室里，书架上放满了共产党员要读的书。只有他的办公桌前，放着一辆小小的坦克模型似乎与过去的生活有关。我不知道在和平的年代里，那辆停放在他身边的坦克，是否常常唤起他对青春岁月的追忆……

1	
	2

① 1973年，在湖南耒阳驻地，与同入伍的北大、复旦、中山大学大学生战友合影。（左一为谢天聪）
② 与师政治部的干部到革命圣地井冈山学习参观时合影。（后左二为谢天聪）

师政治部教育组学[?]

谭林冲

[广州军区测绘大队]

广东阳江人，1968年2月入伍，在陆军第41军121师361团三营机枪连当战士；1968年11月至1981年2月，广州军区测绘大队学员、技术员、分队长；1981年3月至1989年9月，广州军区司令部直属工作部干事、副团职、中校；1989年10月至今，广东省军转办副主任科员、主任科员、副主任；广东省人才服务中心副主任、调研员。

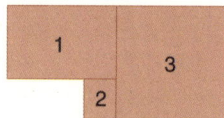

① 1985年在测绘大队
② 1968年入伍前的谭林冲
③ 1981年在中越边境

丈天量地测绘兵

■文/谭林冲

　　1968年2月，穿上了绿军装。在我的心目中，当兵的就是舞枪弄炮，站岗放哨。谁知经两个月的军事训练后，舞枪弄炮的事没有了，说我们当了一名丈天量地的测绘兵。当时正是"文化大革命"的高潮，全国到处都是一遍红海洋，军队里大搞"三忠于四无限"，政治气氛很浓，军事训练并没有摆上重要的位置。所幸的是我们部队有一位"三八式"的老大队长，他1945年就任师的侦察科长，明白军事技术的重要，他对着我们全体新兵说，"文化大革命"地方上破除了考试制度，但是，军队的各种考核还有，大家在进入训练队学习测绘专业之前，必须进行文化考试，文化考试必须过关，不会开平方根的同志，是做不了丈天量地工作的。经过严格的文化考试，我还是顺利地过关了，进了训练队学习测绘专业。在当年老大队长的严格要求下，严格抓训练，严格抓技术，理由是测绘兵特殊，从事核心机密工作，专业性强，在图板上如差之毫厘，在实际中会失之千里。机密工作本身政治性很强，技术不过硬，工作做不好，就谈不上政治。经过训练队两年的专业学习，基本上掌握了测绘专业理论和实际操作的技能。

　　1950年2月，由毛泽东主席批准成立人民革命军事委员会作战部测绘局时，才正式有测绘兵的编制。从50年代到70年代中期，我军测绘官兵在一穷二白的基础上，建立了全国统一的1954年北京坐标系，1956年黄海高程系和地心坐标系，参与制定了全国基础测绘规划，承担了半数以上的全国性基础测绘任务，完成了东北、华北、西北"三北"地区1:5万为主的基本比例尺测图。从1953年起，测绘兵用10年的时间进行了我国天文大地网和水准网布测与平差，之后利用GPS定位系统，布测我国三维空间大地网，并着手地面网与空间网的联合平差，使国家大地控制网的规模和精度，跃上一个新台阶。测绘"世界屋脊"，测绘茫茫"戈壁滩"，风餐露宿，跋山涉水，不畏艰难困苦，天当被，地当床，手中标尺当刀枪，我们用智慧和辛劳描绘祖国美丽山河，用青春和汗水谱写着测绘兵的光辉灿烂篇章。

　　经过测绘部队20多年的艰苦锤炼，让我学到了测绘兵的优良传统，为以后的工作和生活打下了良好的基础。一生中最美好的青春献给了军事测绘事业，回想起逝去的军旅生涯，直觉青春无悔，更加难忘。

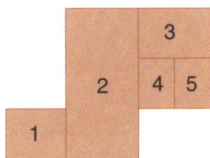

① 1989 年军官专业证书
② 1968 年的新兵照
③ 70 年代探亲时与家人
　的合影
④ 1981 年在中越边境
⑤ 在测绘途中吃干粮

林伯茂

[第二炮兵]

　　林伯茂，1950年1月生，广东省德庆县人，1968年2月入伍。在部队曾任第二炮兵某导弹支队政治处主任、支队党委常委，先后9次受到团以上党委通令嘉奖。1986年12月转业，曾任德庆县、四会市人民检察院党组书记、检察长。现任四会市人大副主任。转业回地方后立三等功一次，晋升一级工资一次，1996年被评为肇庆市模范军队转业干部。

　　穿了近20年的绿色军装，又穿了10多年的检察服，林伯茂在纪律中成长，不论是当解放军的军官，还是德庆县、四会市人民检察院检察长，肩上都扛着红五星和国徽。正是这一身的庄重，才能不辜负党和人民的重托，完成法律赋予的神圣使命。

　　孩子在长大，生命在延续，军营里学会的正步，永远走在阳光大道上。

南京政治学校第二批关学员留念 一九七九.十.七.

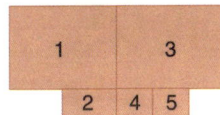

1		3	
	2	4	5

①1979年在深山军营全家合影
②1979年在院校学习
③1978年9月至1980年11月，在南京政治学院学习（前右二）
④1984年在部队营房
⑤2002年在主持检委会研究案件

程亚荣

[广西军区后勤部汽车训练大队]

程亚荣，1948年8月出生，广东高要市人，1968年2月入伍，1983年10月转业，转业前任广西军区后勤部副营级汽车训练队队长，现任广东省肇庆市地方税务局鼎湖征收管理分局局长；1998年至2002年连续五年被评为鼎湖区"优秀共产党员"，1998年被评为鼎湖区"双文明建设先进工作者"，1999年被评为肇庆市地方税务局"落实党风廉政建设责任制先进个人"，2001年被评为肇庆市"模范军

队转业干部"。

程亚荣当兵时擦过的汽车，开过的汽车已从时代的视线中消失。但在广西边境行车的日日夜夜，总是闯入他的梦中。想部队的时候，程亚荣就会抽空请假到广西一趟，看一看他曾经驻守过的军营。然后心满意足地回单位上班。他在讲述他的军旅故事时，常常感动我们。

军车已经开走，路上尘土飞扬，那远去的故事与青春一起留在了边关。

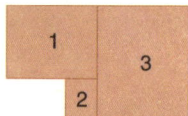

① 1979年与八班学员合影（前中）
② 1968年的新兵照
③ 1970年在护理嘎斯69小车

52

毛主席语录

下定决心，不
怕牺牲，排除
万难，去争
取胜利。

丙2·10·99

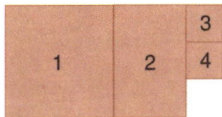

①1979年和战友合影（后）
②1976年与妻子在南宁
③1970年运送知识青年上山下乡
④2003年在办公室接受采访

陈维庆

[广州军区]

　　1949 年 7 月出生。原籍广东省揭阳市。1968 年 2 月至 1990 年 9 月，步兵某师 362 团特务连、某师警卫连、427 团 5 连、教导队一营战士、班长、排长、副营长、营长、科长、副主任及步兵某师 492 团团长兼广州军区台山基地主任；1990 年 9 月至 1993 年 4 月，转业在佛山城区国土分局任局长；1993 年 4 月至 1996 年 6 月，佛山城区建委主任、党委副书记；1996 年 6 月至 2003 年 1 月，佛山城区基建局（建设局）局长、党委书记；2003 年 1 月至 3 月，佛山禅城区建设市政局、国土资源局主要负责人；2003 年 3 月至 7 月，佛山禅城区国土资源局主要负责人；2003 年 7 月至今，佛山禅城区国土资源局局长、房产管理局局长、国土资源局党委书记、市规划局副局长。

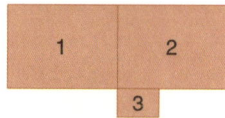

1	2
3	

① 1988 年 1 月，赴京参加全军后勤工作会议，期间参观颐和园
② 1988 年 6 月，在北京开会。与战友抽空参观长城。时值下雪，雪景清明，遂去长城的路上留下这张"雪地三人行"
③ 1988 元旦，第一次登上天安门城楼

陈均源

[海军南海舰队]

　　1951年5月出生于广东省兴宁市。1969年12月入伍。新兵训练三个月后至1972年在海军川岛水警区扫雷舰十大队387舰任后37炮第五名（装填手）、炊事员、卫生员。1972年3月后在南海舰队421医院学习，1975年5月分配到海军广州黄埔舰艇岸勤部医疗所历任军医、主治军医、副所长、所长。1988年授予专业技术中校军衔。1981年转业到黄埔区卫生局工作。

　　1971年，我舰奉命参加海军315编队执行海南东南方向至西沙海上区的测绘任务。四月中旬编队第一次也是第一天进入分海区测绘，当时海浪大，舰艇摇摆，有不少舰员晕船呕吐，因此吃午饭的人员较少。正当我们炊事班将炊具收拾完的时候，舰海长换班就餐从指挥舰上下来时，突然发现舰尾方向美军军机飞来并向我不时俯冲，此时一级战斗警报响起，全员就位。这时从指挥官到战斗员都精神抖擞，没有一个舰员晕船呕吐。一级战时持续近20分钟后解除。官兵们又恢复正常的测绘任务。此后数月的测绘任务中多次与美军航母编队相遇，我们的编队都始终保持警惕。直至最后完成任务，于当年7月返航。

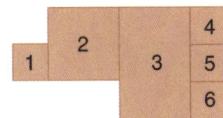

① 1970 年陈均源新兵照
② 1970 年在万山群岛海域执行新型水雷试验任务
   期间，南海舰队十大队 387 舰全体战友的留影
③ 1970 年和战友参观陈列在长洲岛的"先锋舰"
④ 1986 年总参谋部三级参谋长会议时为会议组演奏
⑤ 1986 年参加海军舰艇卫生工作检查
⑥ 1996 年在北京西城区空军招待所参加会议

林石华

[广西军区]

　　1949年3月出生，肇庆市高要县人。1968年2月入伍。1968年4月至1983年10月，先后在广西军区汽训队担任学员、班长、排长、副连长和指导员。1983年11月至1984年10月，任广西军区军需库副教导员。1984年11月至1986年8月，任广西军区303医院儿科教导员。1979年参加对越自卫还击战。

　　1986年11月转业到高要县财政局工作，1993年5月至今任高要市财政局副局长。2001年被评为肇庆市模范军队转业干部。

　　青春随兵车远行，又回到日夜思念的故乡。

1	
	2

① 1970年任班长时留影
② 1968年12月广西军区汽车
　训练车队全体学员毕业合影

团结战斗在运输线上 一九七三年十二月二日

1		2	
		3	4

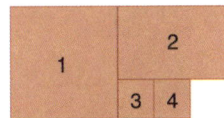

①1972年12月，在友谊关
②1973年12月2日与战友合影
　（前右一）
③1983年在部队营区全家合影
④2003年在办公室留影

行走

在祖国深山绿水

中国人民解放军大事记

1963 年 4 月 25 日—1968 年 10 月 5 日

1963年4月25日

国防部授予上海警备区某部第8连"南京路上好八连"称号

"南京路上好八连"步行到郊区搞生产

上海警备区某部第8连,从1949年6月进驻上海市南京路执行警卫任务之后,坚持人民军队艰苦奋斗的政治本色,抵制资产阶级思想及其生活方式的侵蚀,团结人民群众,出色地完成了警卫任务。全连干部战士身居闹市一尘不染,勤俭节约,助人为乐,谦虚谨慎,不骄不躁,全心全意地为人民服务,得到上海人民的赞誉。本月25日,国防部发布命令,授予第8连"南京路上好八连"的光荣称号,希望8连牢牢记住毛泽东主席教导,务必谦虚谨慎,不骄不躁,始终保持这一荣誉。同时号召全军部队向8连学习,发扬人民解放军艰苦奋斗的优良作风,永远保持劳动人民勤劳勇敢的本色。8月1日,毛泽东写下了《八连颂诗》:"好八连,天下传。为什么?意志坚。为人民,几十年。拒腐蚀,永不沾。因此叫,好八连。解放军,要学习。全军民,要自立。不怕压,不怕迫。

不怕刀,不怕戟。不怕鬼,不怕魅。不怕帝,不怕贼。奇儿女,如松柏。上参天,傲霜雪。纪律好,如坚壁。军事好,如霹雳。政治好,称第一。思想好,能分析。分析好,大有益。益在哪?团结力。军民团结如一人,试看天下谁能敌。"刘少奇、周恩来、朱德、陈云、邓小平、陈毅、罗瑞卿等也先后为第8连题词,号召全军和全国向第8连学习,并鼓励第8连继续发扬光荣传统,争取更大光荣。"南京路上好八连"的事迹迅速传遍全国,在广大人民中产生了巨大反响。全国各条战线都认真学习"好八连"的事迹,许多城市举办了"好八连"事迹展览和报告会。全国和全军掀起了向"好八连"学习的热潮。

1965年5月22日

解放军取消军衔制

本月,中国援越部队出征通过友谊关

第三届全国人民代表大会常务委员会第九次会议,讨论了国务院提出的建议,决定取消中国人民解放军军衔制度。22日,中华人民共和国主席刘少奇根据全国人民代表大会常务委员会的决定,发布主席令,宣布取消中国人民解放军军衔制度。

1964年10月16日

中国第1颗原子弹爆炸成功

16日,中国第1颗原子弹爆炸试验成功

在中共中央、国务院、中央军委的直接领导下,经过艰苦攻关和协作努力,中国自行研制的第1颗原子弹于本月16日15时在西部空域爆炸成功。试验结果证明,中国第1颗原子弹的理论、机构设计,各种零部件、组件和引爆控制系统的设计和制造,以及各种测试方法和设备,都达到了相当高的水平。中共中央、国务院于当日发出贺电,指出:"这次成功的试验,标志着我国国防现代化进入了一个新的阶段。这对美帝国主义核垄断、核讹诈的政策是一个有力的打击,对全世界一切爱好和平的人民是一个极大的鼓舞。"贺电同时要求有关部门再接再厉,戒骄戒躁,为攀登新的科学技术高峰,加强国防,保卫祖国和世界和平而奋斗!

1965年4月23日

解放军实施援越抗美军事行动

王杰与未婚妻合影

14日 济南部队装甲兵某部工兵第1连第5班班长王杰,为保护民兵和干部安全,在炸药即将爆炸的紧要关头,毅然扑在炸药包上,英勇牺牲。

根据中越两党、两国、两军达成的协议和中共中央、中央军委的决定,从本月开始,中国人民解放军向越南北方派出了防空、工程、铁道、后勤保障等支援部队,执行防空作战、修建和抢修铁路、公路、机场、通信工程、设防工程等任务,协助越南北方军民保卫北方的领土和领空。至1968年3月为止,先后入越的中国支援部队共23个支队、95个大队另83个小队,共32万多人,最高年份为17万多人。在

越南期间,中国支援部队共进行防空作战2150次,击落敌机1707架,击伤敌机1608架;修筑坑道2.56万多米,各种工事300多个;新建、改建公路7条,长1206千米;新建铁路117千米,改建铁路362千米,抢修便线便桥98千米;修建机场1个,修建飞机洞库2个;架设陆地通信线路330杆千米,敷设海底通信电缆90多千米。在完成既定任务后,中国支援部队于1970年7月撤回国内。

1966年5月7日

毛泽东发出"五·七指示"

7日，毛泽东主席在看了总后勤部呈报的《关于进一步搞好部队农副业生产的报告》之后，给林彪写了一封信（通称"五·七指示"）。毛泽东在信中肯定了总后勤部上报的农副业生产计划，并指出：人民解放军应该是一所大学校。这个大学校，除打仗以外，要学政治、学军事、学文化。又能从事农副业生产，又能办一些中小工厂，生产自己需要的若干产品和与国家等价交换的产品。这个大学校，又能从事群众工作，参加工厂、农村的社会主义教育运动；社会主义教育运动完了，随时都有群众工作可做，使军民永远打成一片；又要随时参加批判资产阶级的文化革命斗争。这样，军学、军农、军工、军民这几项都可以兼起来。但要调整适当，要有主有从，农、工、民3项，一个部队只能兼1项或2项，不能同时都兼起来。毛泽东还指示：工人、农民、学生、商业、服务行业、党政机关工作人员，凡是有条件的，都要以本业为主，也要兼学别样，要学军事、学政治、学文化，也要批判资产阶级。并指出："学制要缩短，教育要革命，资产阶级知识分子统治我们学校的现象，再也不能继续下去了。""五·七指示"有正确的内容，其发表之后，对军队的农副业生产的发展起到了积极的推动作用，但其要求军队要"随时参加批判资产阶级的文化革命斗争"，以及对知识分子的不信任态度等，则是错误的。

1967年3月19日

解放军执行"三支两军"任务

"文化大革命"进入"全面夺权"阶段后，全国地方各级党政机构基本瘫痪，工矿企业停产，武斗成风，社会秩序混乱。为制止混乱局面，毛泽东决定人民解放军正式介入"文化大革命"，执行"三支两军"（支左、支工、支农、军管、军训）任务，其核心是"支左"。根据毛泽东和中共中央的决定，中央军委于19日作出了《关于集中力量执行支左、支工、支农、军管、军训任务的决定》，要求军委各总部、各军兵种机关的"四大"暂告一段落，立即投入"三支两军"工作。从此，人民解放军的"三支两军"工作逐步展开，成为了军队的一项重要任务，全军先后派出了280多万官兵在机关、工厂、农村和学校等单位执行"三支两军"任务，一些军队干部担任了地方政府和有关部门的领导职务，1972年之后，人民解放军担负"三支两军"任务的人员陆续撤回部队。派遣人民解放军官兵执行"三支两军"任务，是在非常情况下所采取的一种非常措施。参加此项工作的官兵在极其复杂的情况下，做了大量的工作，缓和了紧张混乱的局势，维护了必要的社会秩序、生产秩序和生活秩序，保护了一批干部，减轻了工农业生产和人民生命财产的损失，在一定程度上减轻了"文化大革命"所造成的破坏。但是，"三支两军"在总体上是执行"文化大革命"的错误方针，带来了许多消极后果。

1968年10月5日

军队开办"五·七干校"

10月5日，《人民日报》刊登了《柳河"五·七干校"为机关革命化提供了新的经验》一文，文中说，黑龙江省革命委员会在柳河办了一所农场，定名为"五·七干校"，学员主要是原省直属机关干部和省革命委员会的工作人员，称："在无产阶级专政条件下，要继续革命，就必须走'五·七'指示'的道路。"《人民日报》在"编者按"中公布了毛泽东关于"广大干部下放劳动，这对干部是一种重新学习的极好机会，除老弱病残者外都应这样做。在职干部也应分批下放劳动"的指示，并说："黑龙江'五·七干校'关于干部下放劳动的经验很好，建议各级革命委员会的同志们和广大干部、知识分子认真读一读。"10月7日，《解放军报》转载了《人民日报》的文章。人民解放军总后勤部根据毛泽东的指示和柳河干校的经验，于10月9日在其地开办了一所"五·七干校"，并向军委办事组写了《关于军队开办干部劳动学校若干问题的报告》。军委办事组于本月26日转发了总后勤部的报告，要求全军认真执行。此后，人民解放军各总部机关、各军兵种、各大军区、省军区陆续开办了"五·七干校"，总数达190多所。开办"五·七干校"，从一开始指导思想就是不明确的。后来，林彪、"四人帮"一伙利用"五·七干校"作为迫害干部的场所，迫害了大批干部。1976年粉碎"四人帮"之后，"五·七干校"先后解散。1979年2月，国务院发出通知，宣布："经中央决定，各地区、各部门和军队系统的'五·七干校'一律停办。"

贯彻执行《五·七"指示》的解放军军政大学

夏会臣

[海军南海舰队]

夏会臣，1952 年 12 月出生，天津市人。1969 年 1 月入伍。先后在南海舰队某快艇大队任学员、副艇长、艇长、副中队长。1982 年起担任海军快艇 26 支队教导队队长、司令部军务科科长。1984 年起担任海军快艇 21 大队副大队长、大队长。1979 年 1 月至 5 月在参加自卫反击战中，作为首批海军官兵进驻西沙群岛。先后于 1988 年和 1992 年两次率队赴孟加拉国实行军援任务。1992 年 7 月调任海军广州赤岗离职干部休养所所长。1990 年，曾被海军授予师团主官先进个人。1995 年转业到广州市海珠区工商局任党委副书记、书记、局长。2001 年调任番禺区工商局党委书记、2003 年任南沙分局局长、现任广州市工商局专业市场管理分局局长。

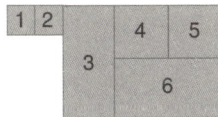

1	2			
			4	5
		3		
			6	

①1969 年新兵照

②1974 年换装后照的第一张水兵
　服照片

③1979 年在西沙群岛永兴岛

④1973 年在某兵工厂接收导弹快
　艇留影

⑤1985 年一家人在天安门广场

⑥1987 年在大连海军舰艇学院参
　加海军舰艇条令修改工作与姜
　教授和战友合影（左二）

	2
1	3
	4

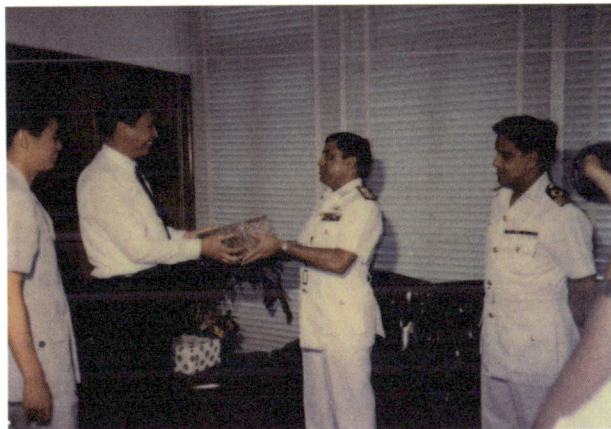

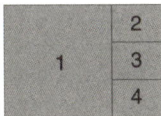

① 1985 与妻子邵月芬和儿子夏粤在台山
　 北徒。一家三口在海岛上唯一的娱乐
　 是下班后溜摩托车
② 1994 年与战友钟振兴、叶祖豪合影（中）
③ 1988 年在孟加拉国执行军援任务。与
　 孟加拉国海军司令在一起
⑤ 2002 年 12 月，在党旗下的自信与自豪

林茂光

[广州军区空军]

　　1949 年 2 月出生于福建诏安，1968 年入伍，1995 年毕业于空军工程大学，现任广州空军工程建设局局长兼安装大队大队长。享受政府特殊津贴，先后 40 多次立功受奖，2001 年被授予"全国优秀科技工作者"称号，被誉为"国防工程建设尖兵"和"油罐大王"，受到中央军委主席江泽民的亲切接见，被中央军委副主席迟浩田称为"知识分子典范，科技强军标兵"，2000 年，被列为全国全军重大宣传典型。

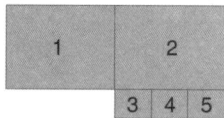

1	2		
	3	4	5

①1972 年 10 月在厦门的新婚照
②2000 年，在工作现场
③2000 年，工作中
④2000 年，受中央军委副主席迟浩田的接见
⑤1994 年，在工地与大家同吃同住

谢娃玲

[万山要塞区司令部]

　　谢娃玲，女，1952年11月12日出生，籍贯广东兴宁。1969年3月入伍。当过文艺兵，曾多次到过南海近30个岛屿为守岛战士演出。16岁就成功地扮演了京剧《红灯记》中的李奶奶、拥军模范曾妈妈等角色。与其一起入伍、比她大3岁的姐姐谢秋玲擅长舞蹈和手风琴演奏。她们同在一个演出队，越海翻山，长年活跃在南海边防哨卡。在当时的万山部队中，几乎没有人不知晓这能歌善舞的"军中两姐妹"。

　　1973年后，改行从医。曾当过护士、军医、主治军医。在万山要塞区司令部门诊部、桂林步校、广东省军区守备六团、茂名军分区、第168医院工作过。

　　曾被评为广东省军区优秀医务工作者、珠海警备区优秀医护工作者，荣立过三等功。

　　1995年转业，现任珠海海事局工会副主席。

　　人生最美丽的青春，留在祖国的南海前哨。

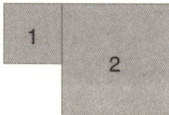

1	
	2

①1976年摄于珠海唐家湾
②一群红色的革命小将——
　在1969年的巡回展览中

74

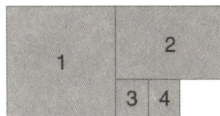

①在南海前哨钢八连与战友合演《红灯记》
②1969年毛泽东思想宣传队演员一班合影
　（前左二）
③与丈夫的结婚照
④1994年，与姐姐合影

张湘军

[广州军区后勤部]

　　张湘军，1951年7月生于长沙。1969年1月入伍，1970年2月加入中国共产党。历任42军126师376团特务连战士、班长；第一军医大学学员、376团卫生队军医、第501野战医院军医、广州军区后勤部卫生部助理、防疫处处长、医疗处上校处长。兼任广州军区爱委会办公室主任、广州军区第五届医学科学委员会秘书长，广州军区医院管理评审委员会副主任兼秘书长，《解放军健康》杂志编委。1997年转业。现任广州国际租赁公司法人代表、总经理。在28年的军旅生涯中，获各级嘉奖20多次。荣立三等功4次。

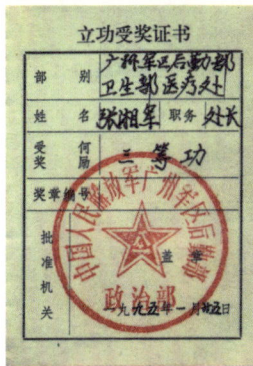

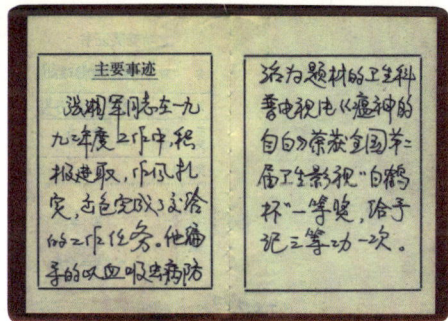

1		3	4
2		5	6

① 1975 年春节，全家福（前排左起：姐姐、母亲、父亲；后排左起：妹妹、妹夫、张湘军及未婚妻罗晓莉）
② 1969 年 1 月，未满 18 岁，刚参军的张湘军
③ 1974 年第一军医大学毕业后在 376 团卫生队任军医
④～⑤ 1985 年，法卡山一线阵地视察
⑥ 1992 年、1995 年，荣立三等功的事迹与军功章

			4	5
	1	6	7	8
2	3			9

①~②1995 年，率广州军区司、政、后联合工作组下部队，与
　舟桥旅官兵在施工工地野炊、施工
③1995 年，下部队期间代表军区工作组为退伍战士佩戴光荣花
④1990 年，陪同国家卫生部陈秉章部长视察
⑤2006 年底，与昔日老首长、广州军区卫生部部长景家江（右）、
总后卫生部办公室主任唐德文（中）相聚
⑥1994 年与妻子、战友罗晓莉合影
⑦在广州军区广州总医院工作的女儿张宁
⑧2006 年 7 月，与老战友范新民、王东平及兰州军区卫生部长
　唐毅在黄河边
⑨2004 年八一建军节与 30 多年前的 126 师战友相聚

成善松

[广州军区空军]

　　生于1948年，河南新县人。

　　1969年1月入伍，在空军某部高炮29团，历任司务长、连副指导员、组织股股长、团政治处主任、团副政治委员等职，1987年转业到广州卷烟一厂，曾任厂长兼党委书记，省局（公司）直属机关党委委员，现任广州卷烟二厂党委书记。

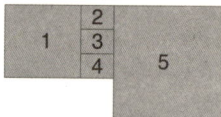

① 1984年留影
② 2003年春节与妻子在天涯海角
③ 1992年5月在广东连南县扶贫，
　　与农户一起
④ 2003年在办公室
⑤ 1983年与全家合影

张铎章

[广东梅州军分区]

　　张铎章，1947年7月出生，广东梅州市人。1969年2月入伍。1969年3月至1974年8月任梅州军分区政治部电影队放映员、队长。1974年9月至1985年12月任梅州市军分区政治部宣传科副干事。1985年12月转业到梅州市人事局工作，先后担任干部科科员，军转干部培训中心副主任，培训科副科长、科长。1996年6月至1998年12月任广东行政学院梅州分院院长。1999年1月至今先后担任梅州市广播电视大学副校长、校长。著有《中外摄影》作品集。

　　因为会写美术字，因为毛主席像画得好，军分区司令骑单车到他的家，特招他入伍放电影，开始了一段银幕外的军旅生活。30多年过去了，黑白电影早已结束，而彩色的人生之路，正在一天比一天鲜亮。

84

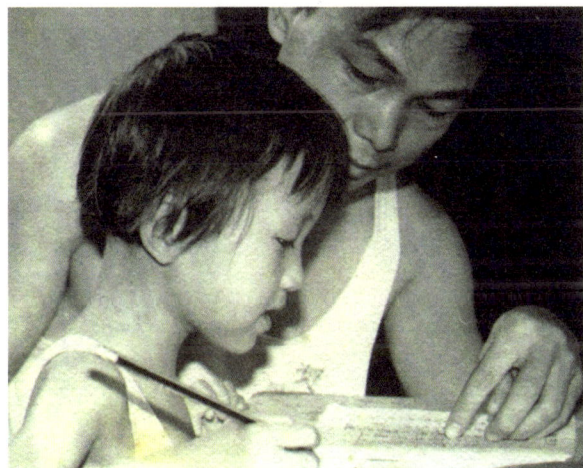

1	2	3
	4	5
	6	7

① 1972 年，在放电影
② 1980 年，桂林
③ 1978 年夫妻合影
④ 1982 年，辅导女儿读书
⑤ 1969 年与战友合影
⑥ 1986 年的照片
⑦ 2000 年，女儿暨大双学位毕业

袁德和

[武汉军区]

袁德和，1952年4月出生于广东东莞，在职研究生。1969年7月至1970年4月，望牛墩下漕大队干部，先后任团支书、文书等职；1970年4月至1970年12月，东莞县革委会政工组织办公室干部；1970年12月至1976年3月，陆军二师六团三营战士、班长、文书、代理书记；1976年3月至1979年11月，在东莞炮竹厂政工股以工代干，借调县委组织部工作；1979年11月至1987年4月，东莞县委组织部干事、副局级干事；1987年4月至1993年12月，任长安区长、长安镇长、长安党委副书记、书记；1993年12月至1995年1月，凤岗镇委书记；1995年1月至1998年12月，望牛墩镇委书记；1999年1月至2000年8月，东莞市人事局局长，市机构编制委员会办公室主任；2000年3月至2000年8月，任长安镇委书记；2000年8月起，任长安镇委书记、镇人大主席、东莞市委副秘书长。现任东莞市政协副主席、市委统战部部长。

离开军营20多年之后，袁德和抽空探望老连长，回到当年的营地。时光流逝，无限的生命感慨涌上心头。

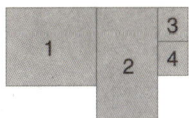

① 1970年袁德和（二排中）
　与南粤战友在河南
② 1970年与哥哥（左）
　一起迈进军营
③ 1970年，刚入伍时的
　袁德和
④ 2003年的袁德和

		4	5
1		6	7
2	3		

① 1996 年 4 月，袁德和与当年的连长吴德云（中）、战友尹梅发（右）重访河南商丘市的部队驻地

② 2001 年春节慰问敬老院老人

③ 2003 年 1 月下工地现场办公（右二）

④ 2003 年 4 月迎接胡锦涛主席视察长安镇

⑤ 2000 年 5 月陪同尉建行、李长春视察长安镇

⑥ 2003 年 8 月与中央政治局委员、广东省委书记张德江、省长黄华华合影

⑦ 1990 年陪同曾庆红视察长安镇

麦金华

[海军南海舰队]

麦金华，广东新兴县人，1949年2月出生。1968年入伍，历任海军战士、海军工程学院学员、南海舰队某部指导员、政治处正营干事。

1985年12月转业，历任肇庆市公路局干部科副科长，公路局政治处主任兼党委秘书；郁南县人民政府副县长。肇庆市公路局副局长、肇庆市高等级公路建设办公室主任。

水兵离开大海，又重新战斗在陆地。逢山修路，遇水架桥，每一刻都战斗在最前线。

① 1979年在部队
② 1976年11月与新战士合影
③ 1986年转业后学习公路业务
④ 1998年在水毁公路现场向中央政治局常委、原广东省委书记李长春等省市领导汇报水毁公路抢修情况

毛金初

[海南军区]

毛金初1953年出生于湖南省慈利县索溪峪镇河口村（今张家界境内），1969年应征入伍，在海南某部队服役，参加过著名的西沙之战，并在部队光荣地加入中国共产党。1975年，离开军营，退伍返乡，担任河口村党支部副书记兼民兵营长。

1983年2月16日，民兵营长毛金初组织同村的7个青年民兵闯入家门口的"禁地"黄龙洞，经过一天一夜的艰苦跋涉、艰难探险，发现黄龙洞洞内的世界比洞外更精彩，遂义务守洞长达10个月之久。1984年他被任命为黄龙洞管理所第一任副所长。2000年至今，毛金初担任黄龙洞投资股份有限公司副总经理。2003年被吸收为中国地质学会洞穴研究会会员，成为一名名副其实的洞穴专家。

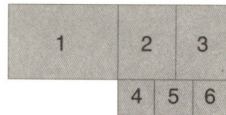

1		2	3
		4	5	6

①1983年毛金初（中）探险黄龙洞
②1970年，我是战士我光荣
③1983年发现黄龙洞后全家合影
④1975年退伍证上的照片
⑤媒体聚焦溶洞专家毛金初（右）
⑥毛金初（左二）陪同原中央政治局常委、
　纪委书记尉健行考察黄龙洞

张小棣

[广州军区空军]

　　张小棣，1955年1月生于上海，1970年12月从山西入伍到广州空军部队，历任通信某部战士、华南理工大学学员、排长、副连长、通信参谋、科长、处长、军参谋长助理，研究生学历。1994年3月晋升空军大校军衔，1996年9月改授空军预备役大校军衔。1996年12月转业到广东有线电视台任副台长，2000年12月起先后任广东有线广播电视网络股份有限公司总经理、董事长，中国电影电视技术学会理事、广东省广播电视学会副会长。

　　15岁入伍，从士兵到大校，26年的军旅人生，珍藏着生命最感动的记忆。

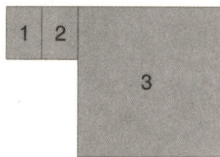

1	2	
	3	

①1971年，新兵照
②2003年的张小棣
③1987年，参加击落入侵外机作战中荣立二等战功，图为在外机坠毁现场拍摄实况

			4
1		3	
2		5	6

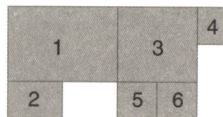

①与家人合影
②在部队验收指挥现代化设备
③给战士上技术课
④2003年的照片
⑤陪同广东省委副书记蔡东士考察
⑥2003年与中央电视台、美国MTV
　签署合作协议

行军

路上，生命的甘泉

中国人民解放军大事记

1969 年 3 月 2 日—1974 年 1 月 17 日

中国边防部队实施珍宝岛自卫反击作战

珍宝岛，位于中国黑龙江省虎林县境内，在乌苏里江主航道中心线中国一侧，面积0.74平方千米，自古以来就是中国领土。1964年中国与苏联边界谈判时，苏方出示的地图竟把中国边境线划到了黑龙江和乌苏里江的中国岸边，把珍宝岛划归苏联所有。从此形成争议，并在该地出现摩擦。从1967年1月到1969年2月的两年间，苏联军队多次入侵珍宝岛以北的七里沁岛，破坏中国边民的生产，无理拦截正在执行巡逻任务的中国边防分队，野蛮殴打中国边防军人。对于苏联军队接连不断的挑衅活动，中国边防部队一再克制忍让，未予还手，避免了事态的扩大。但苏联军人竟将中国边防部队的克制忍让和争取和平解决边界问题的诚意，视为软弱可欺，在珍宝岛地区的入侵挑衅活动愈演愈烈。在此情况下，中国边防部队不得不对苏联军队的武装入侵进行反击。本月2日上午，中国边防站站长孙玉国率领巡逻分队对珍宝岛进行例行巡逻。苏联军队出动70余人，分乘2辆装甲车、1辆军用卡车和1辆指挥车，荷枪实弹，入侵珍宝岛。中国边防军人向苏联入侵者发出警告，令其立即撤出中国领土。苏联军人却展开战斗队形，对中国边防军人实施包围，并突然开枪射击，当场打死打伤中国边防战士6人。中国边防分队被迫进行自卫反击，经过1个多小时的激战，驱逐了入侵珍宝岛的苏联军人。2日战斗结束后，苏联军队迅速向中苏边境地区增兵，企图以武力强占珍宝岛。为了保卫中国领土安全，中

国边防部队也进行了积极的防御作战准备。15日凌晨，苏联军队60多人，在6辆装甲车的掩护下，侵入珍宝岛，企图偷袭守岛的中国边防部队。中国边防部队立即出动1个加强排，依托岛上天然壕沟，与入侵者对峙。8时，苏联军队入侵分队对中国边防军人猛烈射击，并在装甲车的掩护下，发起进攻。中国边防分队在营长冷鹏飞的指挥下，运用集火近战的战法，经1个多小时的激战，打退了苏军的第1次进攻。9时46分，苏军在进行猛烈的炮火急袭后，出动6辆坦克和5辆装甲车分两路向珍宝岛上的中国边防部队发动进攻，并以炮火封锁中国江叉，阻止中国江岸上的部队登岛增援。中国守岛部队沉着迎战，集中力量首先打击正面进攻之敌。激战2个多小时，中国守岛部队击退了苏军的第2次进攻。13时35分，苏军在进行了长达2个小时的炮火急袭之后，出动100多人，在10辆坦克和14辆装甲车的掩护下，对珍宝岛发动第3次进攻。苏军登岛后，分成两个梯队，以坦克、装甲车引导步兵对中国守岛部队实施轮番冲击。中国边防军人发扬敢于近战的优良传统，采取几个战斗小组同时围打1辆坦克或装甲车的战法，予敌各个击破。苏军在步坦战术协同被打乱后，进展缓慢，不断增加兵力。中国边防军人越战越勇，机动灵活，使苏军的进攻严重受挫。经过50多分钟的激战，粉碎了苏军的第3次进攻。在15日的战斗中，中国边防部队与苏军50多辆坦克、装甲车和大量步兵，激战近9小时，顶住了苏联军队的6次炮火急袭、3次猛烈进攻，保卫了珍宝岛的安全。在15日的战斗中，苏联军队1辆T—62型坦克，被中国边防部队炸断履带，留在了中国境内的江叉冰面上，成为苏联军人入侵中国领土的铁证。苏军千方百计想夺回这辆坦克。17日，苏军在对中国

边防部队的前沿阵地和纵深6千米地域进行炮击后，出动70多人，在坦克、装甲车掩护下，入侵珍宝岛，敷设地雷100多枚。中国边防部队为粉碎苏军抢夺坦克的企图，并回击苏军的炮击行动，以炮火阻止登岛的苏军人员。入侵珍宝岛的苏联军人被迫放弃拖走坦克的企图，逃回苏联境内。21日晚，苏军再次派出爆破组潜入珍宝岛，企图炸毁坦克，被中国边防军人发现，予以击退。在珍宝岛自卫反击作战中，中国边防部队共毙伤入侵的苏联官兵230多人，毁伤其坦克、装甲车17辆，击毁其卡车、指挥车各1辆，缴获T—62型坦克1辆。中国边防部队以劣势装备战胜了优势装备的敌人，用鲜血和生命保卫中国的领土，捍卫了中华民族的尊严。

巡逻在珍宝岛上

林彪反革命集团的覆灭

13日 林彪于凌晨带着叶群等几个死党，仓惶乘256号专机外逃叛国，飞机在途经蒙古温都尔汗附近时坠毁。
13日 总参谋部发出《关于进一步加强战备训练的指示》。

1973年7月2日

军委发出超期服役战士探亲待遇规定

2日，中央军委发出《关于超期服役战士探亲待遇的几项规定》。规定指出：服役3年以内的战士，除特殊情况外，原则上不给予探亲假，服役第4年和第5年的可准予探亲1次，从第6年起每年准予探亲1次，往返路费准予报销，凡因工作需要不能探亲的，经组织批准，其直系亲属来队探望者，准予报销往返车、船费1人次。

1973年12月22日

八大军区司令员对调

22日，中央军委发布八大军区司令员对调的命令。命令指出，为了加强军队建设和反侵略战争的准备，使军区主要领导交流经验，熟悉更多的情况，经毛泽东、党中央决定，北京军区司令员李德生与沈阳军区司令员陈锡联、济南军区司令员杨得志与武汉军区司令员曾思玉、福州军区司令员韩先楚与兰州军区司令员皮定钧、南京军区司令员许世友与广州军区司令员丁盛对调。限令各司令员10日内到职。各司令员坚决执行军委命令，及时赴新的工作岗位就职。此次调整，增进了军队高层领导班子团结。

1974年1月17日

西沙群岛自卫反击战

17日，为了维护中国领土主权不受侵犯，保护中国渔民的正常生产作业，中央军委发布命令：南海舰队立即派出舰队，驶抵西沙永乐群岛海域，执行巡逻任务；海南军区派出民兵，随南海舰队舰艇进驻永乐群岛的晋卿、琛航、广金三岛。军委要求，在同敌人斗争中，我应始终坚持说理斗争的原则。在任何情况下，我均不先开第一枪。如敌人首先发起攻击，我则坚决进行自卫还击。为夺取这场斗争的胜利，军委组成由叶剑英、邓小平等参加的指挥组，负责指挥这场斗争。根据军委的命令，广州军区决定：由南海舰队派出广州基地扫雷舰10大队的396、389号舰组成396编队，榆林基地猎潜艇73大队的271、274号猎潜艇271编队，于17日至18日进至西沙永乐群岛附近巡逻，由海南军区派出4个武装民兵排，分别进驻晋卿、琛航、广金三岛；由南海舰队航空兵和广州军区空军派出部分兵力前往支援。中国派出执行任务的军队规模很小，显然不是准备诉诸武力。19日5时许，南越军舰分路接近中国舰艇编队，企图凭借其军舰吨位大、火力强的优势，胁迫中国海军编队就范。海军南海舰队按照广州军区的部署，命令396编队进至广金岛西北面拦截南越李常杰号、怒涛号舰；271编队进至广金岛东南海面，监视陈庆瑜号、陈平重号舰。这就使南越军舰不便靠近这几个中国岛屿。南越军舰为达到目的，李常杰号舰冲向中国396编队，并猛然掉转船头，撞坏了中国389号舰的右舷栏杆、指挥台支柱，并蛮横地从中国海军

海军部队保卫边疆

396编队中间穿过，抵近琛航、广金西岛。7时40分许，南越40多名士兵强行登上琛航、广金两岛，在广金岛首先向中国民兵开枪。中国民兵被迫还击。南越军队亡1人，伤3人，只好撤退。10时20分许，南越军舰向外机动，与中国海军编队拉开距离，企图凭借其大火炮口径大、射程远的优势打垮中国海军。中国海军编队在遭到4艘南越军舰突然炮击的情况下，奋起自卫还击。中国海军编队克服自己吨位小、装备火炮口径小、威力小、射程近的不足，采用近战战法，以271、396两个编队高速接近南越军舰，各自寻找最近的目标，紧紧咬住敌人不放，发挥小口径火炮射速快

的优点，狠狠打击南越军舰。如此，很快压制了南越军舰的火力，改变了战场初始的不利态势。经过1个多小时的海战，中国海军编队的389号舰、274号艇相继中弹负伤，但海军指战员仍以顽强的意志坚持战斗。南越军舰亦遭受重创，纷纷逃离，无心恋战。不久，怒涛号中弹爆炸沉没在羚羊以南海域。19日，广州军区命令榆林基地派出3个连、1个两栖侦察队和部分加强分队和民兵，共500人，趁西沙海战取得初步胜利，乘舰船向珊瑚、甘泉、金银三岛进发，迅速发起登陆作战。20日顺利收复3岛，西沙自卫反击战胜利结束。在这次作战中，人民解放军取得了毙伤敌数百人、俘敌48人的大胜利，打击了南越当局的侵略野心，捍卫了中国南海海疆。中国海军274号艇政委冯松柏等18人英勇牺牲，67人受伤，付出了一定的代价。为表彰全体参战军民，23日，国务院、中央军委联合发布了嘉奖令。西沙自卫反击战，战斗规模不大，但作战形式多样，参战军民坚决执行中央军委的命令，实现了预先设想，保证了战斗的胜利和政治上的主动地位。此次海战还创造了以小舰打大舰的成功战例，为我军进行保卫海岛的自卫作战提供了有益的借鉴。

部队欢庆"十大"

郑运安

[北京军区]

郑运安，1954 年生于河北安新。1972 年 12 月至 1982 年 9 月，北京军区某军任战士、排长、连长、参谋、干事；1982 年 9 月至 1990 年 2 月，任第 195 医院政治协理员；1990 年 3 月至 1993 年 3 月，任第 169 医院政治处主任；1994 年 10 月至 1996 年 3 月，任第 198 医院政治委员；1996 年 3 月至 2000 年 12 月，任三水市武装部政治委员、三水市委常委（期间，1999 年参加省委党校县委书记班学习）；2001 年 1 月至 2003 年 4 月，任三水（市）区委常委、政法委员会书记；2003 年 4 月至今，任三水区委常委、区委组织部部长。曾被评为"全军青年工作先进个人"、"广州军区基层建设先进个人"、"湖北省拥政爱民先进个人"，多次被评为优秀党员，多次立功受奖。

大地、军旅、爱情，在祖国的每一个地方，都让军徽闪光。

1	2			
	3	4	5	6

①1991 年 5 月，与爱人在湖南郴州某坦克部队
②1977 年，给战士上作战课
③1998 年，三水射击训练
④70 年代的郑运安
⑤2001 年一家人在北京
⑥1999 年为三水市国际龙舟赛冠军颁奖

陈志强

[铁道兵]

陈志强，广东潮州人。1954年11月生，1972年11月入伍，1974年10月入党，大专学历。在军营中度过了11年青春岁月，历任铁道兵班长、副排长、排长、副连长、连长、副营长。曾荣立三等功一次。1984年1月，脱下戎装，转业到中共广东饶平县委办公室。曾任中共饶平县委常委、政法委书记、县公安局党委书记、局长。现任潮州市公安局副局长。

每当看见铁道上飞驰而过的列车，就忆起兵营的铿锵岁月！

1	
2	3

① 1979年的陈志强
② 70年代的全家福
③ 三点成一线，在太行山上练武

三点式一战-条峰队伍做

1 ①陈志强在歌唱比赛前指挥歌唱练习

罗可华

[海军南海舰队陆战队]

　　1957年3月出生，1976年12月应征入伍，1979年1月入党，1979年2月参加对越自卫还击战，荣立三等功一次。曾在53015部队任班长、排长、副连长，1983年10月任海军陆战队教导队正连教官，1988年6月任海军陆战队教导队副营教官。1993年10月转业在河源市公安局九科，1996年6月在河源市巡警支队机动中队任指导员，1996年12月在河源市巡警支队二大队任教导员，2000年5月至今任河源市公安局巡警支队副支队长。

　　岁月与脸庞在悄悄地变，但青春跳动的心永远年轻！

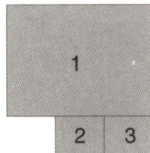

① 1986年3月，罗可华与海军陆战队射击队员在一起（左一）
② 1985年4月的罗可华
③ 转业后在公安局工作的罗可华

李志坚

[广西边防部队]

李志坚，1952 年 5 月生于广东兴宁，1972 年入伍，在陆军 143 师 428 团、广西钦州军分区边防营服役。历任班长、排长、连长、营长和副团长职务，1979 年被中央军委授予一级战斗英雄。1990 年转业到佛山市石湾镇，历任镇委副书记、镇长。石湾镇街道办事处主任、佛山市禅城区人大常委会常委。

每一次看到这些老照片时，心情是平静的。经历战火洗礼过的人，才真正懂得生命的意义。

1	3		4	
2				
		5	6	

①任广州军区某师三团副团长时
②2002 年的李志坚
③1980 年，率连队战士在中越边境巡逻小休时，探讨人生
④1980 年在中越边境掩护老百姓抢收稻谷
⑤1982 年在南京高级陆军指挥学院学习
⑥2001 年，意大利，儿子是李志坚的骄傲

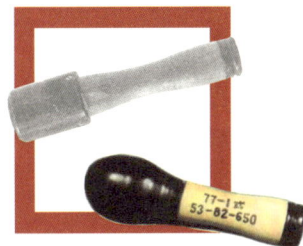

陈　忠

[广西百色军分区]

　　1953 年 7 月 8 日，生于广东湛江吴川。1974 年 12 月至 1975 年 2 月，广西百色军分区教导队新兵连战士；1975 年 3 月至 1977 年 6 月，在广西百色军分司令部军务科任打字员；1977 年 7 月至 1979 年 3 月，广西隆林县人武部军事科任参谋；1980 年 2 月至 1983 年 10 月，广西百色军分区司令部军务科历任副、正连职参谋；1983 年 11 月至 1984 年 8 月，广西百色军分区司令部军务装备科任副科长；1984 年 9 月至 1986 年 2 月，广西百色军分区司令部管理科任政治协理员；1986 年 3 月至 1990 年 8 月，广西百色军分区后勤部军械科任科长；1990 年 9 月至 1992 年 11 月，广西百色军分区后勤部任部长；1992 年 12 月至 1995 年 8 月，广东省河源军分区后勤部任部长；1995 年 9 月后，曾任广东省河源无线电管理局任局长；现任河源市信息产业局局长。

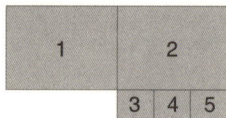

1		2	
		3	4	5

① 1993 年 12 月 16 日出席广东省军区后勤工作会议，在汕头南澳岛海边
② 1977 年 10 月 27 日与战友在广西百色合影
③ 1974 年的新兵照
④ 1993 年 12 月 16 日出席广东省军区后勤工作会议，在汕头南澳岛与战友合影
⑤ 2001 年 5 月 23 日在奥地利

潘玉荣

[北京军区]

　　1956年8月生于广东省四会市地豆镇，1974年11月参加中国人民解放军，同年到石家庄陆军学院学习（大专）。

　　在部队期间，历任班长、排长、连政治指导员、营教导员、团副政委，曾荣立一等功1次、二等功2次、三等功4次，北京军区"学雷锋先进个人"、"优秀共产党员"、"扎根边疆、无私奉献的教导员"，全军"优秀基层军官"，所带的连队连年被评为先进。1987年，光荣出席全军英模代表大会，1990年10月应邀参加国庆观礼。

　　1993年11月转业到地方，担任中共广东省四会市委常委兼政法委书记。1996年4月，调任四会市人民政府副市长。1998年3月，担任中共四会市委副书记。2001年5月被评为"全国模范军队转业干部"。2006年11月当选为市政协主席。

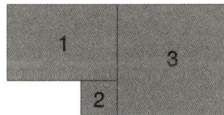

①潘玉荣（前排右四）与
首长和战友们在一起
②与当地部队领导共商
发展大计（左一）
③出席全军英模代表大
会留影

余祖富

[广州军区]

　　1956年8月1日生。1974年12月参军入伍，在广州军区空军湖北、湖南、广东等部队服兵役，1979年参加对越自卫反击战，转业前为广州军区消防训练大队大队长。1995年12月转业至广州市岑村劳动教养管理所任干警、教导员、党支部书记，1999年1月—2000年11月任广州市东坑劳动教养管理所副所长、副书记，2000年11月起任党委书记、所长。

　　部队期间曾2次被评为优秀基层主管，2次被评为优秀共产党员，3次被评为学雷锋先进个人。1979年、1999年两次荣立三等功，2001年被评为广东省模范军转干部。2006年被评为"十佳劳教警察"。

1	2	3
		4
	5	

① 1984年，阅兵训练
② 1990年，指挥消防实战演习
③ 1974年新兵入伍试穿军服时留影
④ 2003年接受采访
⑤ 1983年，与新兵合影

115

赵根源

[中国人民解放军
86798 部队]

　　1975 年 1 月入伍，空军高炮十师雷达站；1977 年 9 月至 1978 年 7 月就读于空军武汉雷达学院，先后担任空军 86798 部队雷达站技师、站长，管理科管理员、军需科科长；曾被空军高炮 10 师评为优秀基层主管，1990 年和 1991 年分别荣立三等功 1 次，1993 年被广州空军评为优秀军需科长；1995 年 9 月至 2002 年 9 月任广州城建物业家政服务有限公司副经理；2002 年 10 月至今担任广州市荟景绿化有限公司经理。

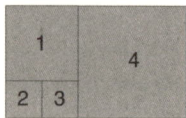

1		4
2	3	

① 1975 年雷达操纵班全体合影（前中）
② 1974 年入伍新兵照
③ 转业前的留影
④ 1975 年和战友在警戒雷达上

116

张建华

[桂林陆军学院]

张建华，1957年5月出生，原籍黑龙江。1976年3月至1990年2月，炮兵某师25团任战士、计算机班长、侦察排长、连长、团军务装备股正连职参谋、副营职参谋、副营长、团政治处副营职干事；1990年12月至1997年9月，桂林陆军学院后勤士官训练大队教研室任副、正营职教员，干训大队后勤教研室副团职教员；1997年9月至1998年7月，转业任佛斯弟企业集团公司纪委副书记；1998年7月至2002年4月，任佛斯弟企业集团公司党委副书记、纪委书记；2002年4月至今，佛山市北江厂任厂长、党委书记。

枪声炮声已经远去，青春的记忆越来越鲜绿。张建华在追忆军旅生活时，眼睛总是久久地望着远方。

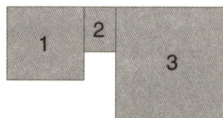

①1981年在法卡山战斗中和通信员在一起（左）
②1977年的张建华
③1981年，法卡山战斗时营指挥部指挥成员密切注意敌情（前右）

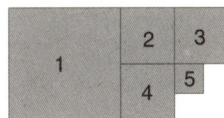

① 1981 年在友谊关金鸡崖上与
连队战友合影
② 1981 年 7 月，友谊关金鸡山
③ 1981 年法卡山战斗。在伏坡
崖的古堡门口
④ 自卫还击战胜利留念
⑤ 2003 年张建华接受记者采访

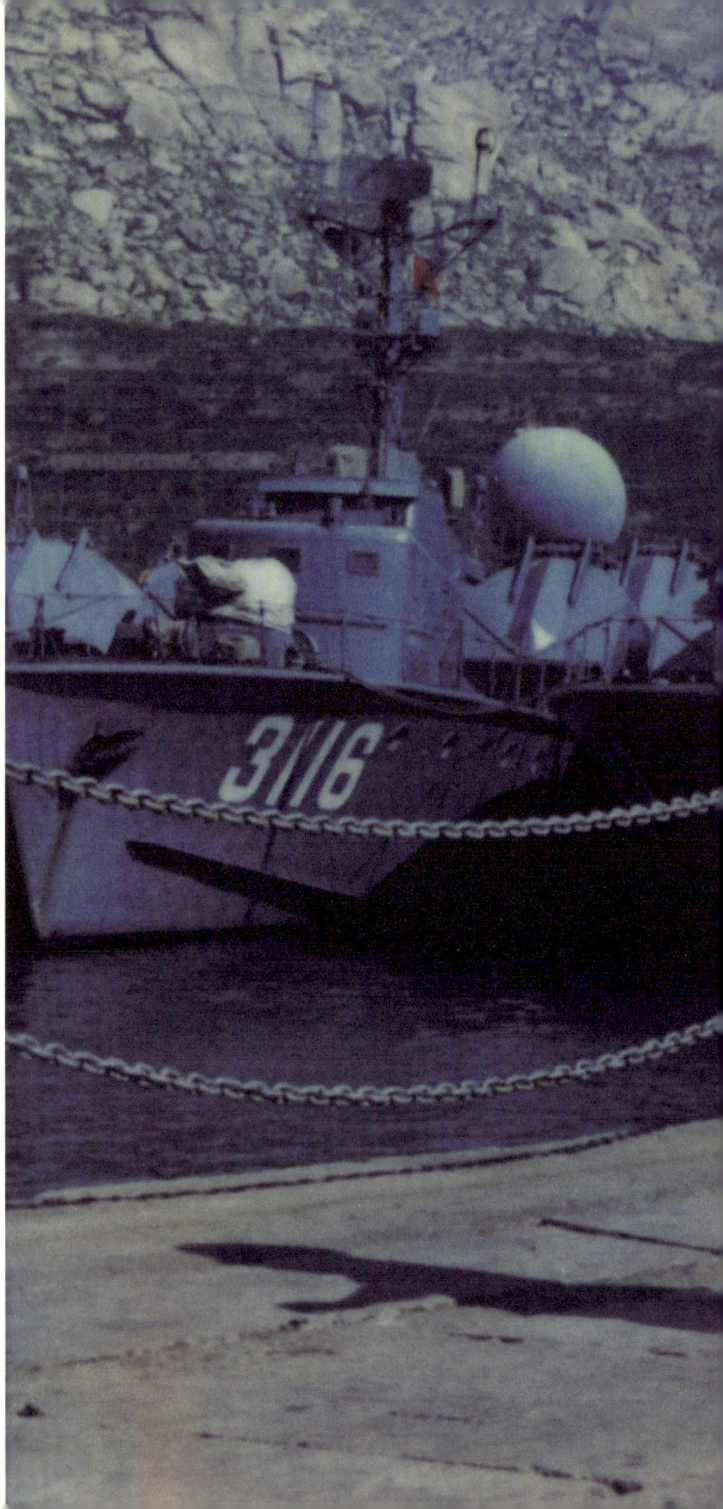

陈 飞

[海军广州黄埔舰艇岸勤部]

陈飞，1955 年生，在广东雷州半岛的海水里泡大。1976 年入伍，历任机电兵、船长、教导员，海军少校，立过三等功。1994 年转业，现任广州黄埔区政协秘书长。如今脚踏陆地，仍情系大海。

苏云凤

[海军广州黄埔舰艇岸勤部]

苏云凤，1959 年生于广东遂溪县。1977 年入伍，在广州军区当打字员。1980 年考入广州军医学校，毕业分配到 189 医院从医。1985 年调入海军广州黄埔舰艇岸勤部。1993 年转业到广州黄埔区妇幼保健医院工作。

1	2	
	3	

① 1979 年提干后的陈飞
② 1980 年苏云凤在广州军医学校
③ 1988 年陈飞（左）与战友在青岛崂山军港

122

水兵钓鱼乐

■文/陈 飞

　　班头带着我们守着一个孤岛，除了几条汉子，其余连蚊子都是公的，很无聊。一个星期天，太阳刚刚浮出水面，班头就带着我和小王在礁盘上摆开了钓鱼的阵势。一会儿，班头哈哈大笑起来："一钓双鱼，奇迹奇迹！"不久，小王就喊开了："钩住鱼尾巴啦！"而我却钓到了一只死鱼头。这是怎么回事呢？

一钓双鱼的奥妙

　　班头用一枚鱼钩一下钓起两条鱼，说奇也不奇，其奥妙在于大鱼吃小鱼。当班头的鱼钩抛到海底之后，首先是一条小鱼上钩，但由于大海钓鱼水深线长，小鱼上钩反映缓慢，当班头还没有及时发现，接着第二条大鱼又把钩上的小鱼吃进肚子里去了。这时拉起钩来，必定是一钓双鱼。

怎样钓住鱼尾巴

　　钓鱼理应钩住鱼头，但小王却钩住了鱼尾巴，这是因为礁盘边的鱼多且饥不择食。当小王把装上鱼饵的鱼钩抛进大海之后，鱼们便蜂拥而上，抢吃鱼饵，这时，小王突然把鱼钩拉起来，吃饵的鱼没有被钩住，反而钩住了另一条鱼的尾巴。

怎会钓到死鱼头

　　钓到死鱼头是鲨鱼作恶的结果，海里鲨鱼多，而且经常游动在礁盘附近。当我把上钩的鱼从水底拉起来时，被鲨鱼发现了，猛扑过来，一口咬去了大半截，于是我钓起来只剩下一只死鱼头。如此钓鱼奇案，让我乐了一天，乃至一生。

1		3
2	4	5

① 1985 年与妻子在广州黄埔军港
② 1986 年与妻子在广州长洲岛
③ 1988 年 4 月在大连东鸡冠山北堡垒 "日俄战争遗址" 与战友合影
④ 1988 年授予海军上尉时的照片
⑤ 1995 年 11 月在广州市白云山

吴善积

[广州军区空军]

　　1958 年生于广西防城;1976 年入伍,从战士、军医、所长、卫生队长,到教研室主任(副团级);1996 年 9 月转业至中共广州市纪律检查委员会任正科级纪检监察干部;1998 年 3 月任中共广州市纪委第一纪检监察室副主任,2001 年 9 月起任主任。现任广州市纪委常委。

　　吴善积曾获全国五一劳动奖章,全国和省、市纪检监察先进工作者,广东省先进工作者,广东省模范军转干部,广州市劳动模范,广州市优秀共产党员等称号。

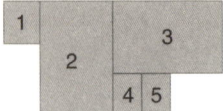

1		3
	2	
	4	5

①吴善积提干后的照片
②1985 年在直升机上
③1976 年新兵训练结束战友合影
④2002 年接受采访时的照片
⑤吴善积的荣誉证书

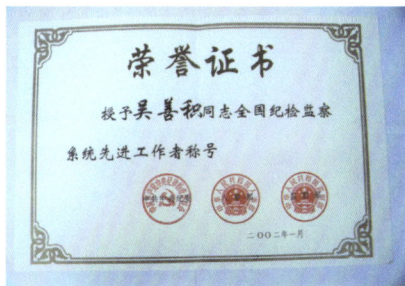

胡国荣

[广州军区]

  1955 年 11 月出生于广东恩平，1976 年 2 月从广东入伍到某陆军集团军。历任步兵某师炮兵团战士、司务长、副连助理员、团后勤处财务股股长、师后勤部财务科科长、师后勤部部长、军后勤部审计处处长，上校军衔，1999 年 10 月转业到广东省恩平市公安局任副政委、政委。2006 年 12 月任市体育局局长。在部队期间多次受到嘉奖，多次被评为优秀共产党员，1979 年、1980 年两次荣获三等功。

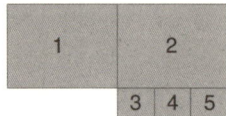

1	2	
	3	4	5

① 1995 年 10 月军区验收战斗力，红蓝军作战对战演习后勤指挥所
② 1996 年 9 月渡海作战演习胜利归来合影
③ 胡国荣在操作军械设备
④ 1995 年，应急作战部队三军学习青岛海军基地留影
⑤ 与战友的合影

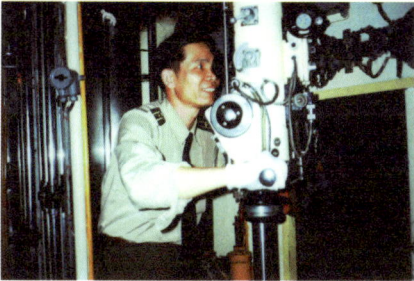

马 青

[兰州军区 33 野战医院]

　　马青，祖籍辽宁，从小跟随父母在军营长大。1977 年入伍，在兰州军区 33 野战医院服役。1986 年随部队调防老山前线，荣立三等功。1988 年调广州军区某医院，1995 年转业在广州市工作。

　　把军衣压在箱底，把绿色的记忆留在心里，生活在平凡的人群之中。

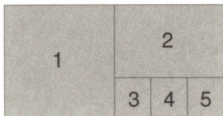

1	2	
	3	4	5

① 1986 年在老山前线
② 调防途中与战友合影
③ 1981 年在西安
④ 1986 年在中越边境和战友留影
⑤ 1986 年在中越边境野战医院

131

兵车路过三转弯

■文/马 青

　　一晃20年过去了，逝去的时间像"老电影"一样一幕幕地展现在我眼前，总会勾起自己对成长的岁月中每一个美好瞬间的怀念。

　　那是1986年，当时我作为一名白衣战士，来到云南边陲麻栗坡——落水洞，奉命参加赴滇轮战训练。落水洞是我部所在地，四周环绕着青山，只有一条蜿蜒小路连接着前沿阵地。一群年轻漂亮的女兵被群山环抱着，天真快乐得像林中的小鸟。生活在落水洞时常可以听到前线炮声，硝烟从未闻到，每逢前线打炮我们一群女兵会很兴奋地冲到我们所住的房顶，静静地观望那一幕壮观的"礼花"。

　　年轻的青春，总是对壮烈充满了向往……

　　记得有一天，我们几个女兵在工作室里聊天，这时，急骤的电话铃响了，我站在离电话最近的地方顺手拿起电话"喂！"，电话的另一头传来低沉、威严的男中音："前方医院急需我所援助，请派员立即出发。"电话里立刻传出嘟……嘟的声音。终于可以上前线去了！去领略一下真正的炮火硝烟。我们以最快的速度携带必备器材跑步冲到院子里，这时院子里的吉普车已经启动发出马达的轰鸣声。一位男同胞和我们两位女同胞同时登上北京吉普飞驰在通往前沿阵地蜿蜒的小路上。汽车驶出落水洞，刚才兴奋的心情平静了许多，车窗两旁晃动着青山绿水，车上的人静静地观赏着窗外美丽景色。不一会，司机小田提醒我们精力集中抓紧扶手，前面马上进入"三转弯"地带。只见小田司机面部严肃双手紧紧握住方向盘，带车干部马医生同时点燃了两支烟，随手递给了小田司机，小田随即摇摇头，带车干部看看全神贯注的小田，立刻熄灭了刚刚点燃的烟，双眼直盯前面的大青山，此时此刻我们的心情真难以用语言表达出来。汽车来到"三转弯"暴露地带，此刻映入我眼帘的是高高的大青山，汽车走过的地方完完全全地暴露在对方的视线以内，山路两旁偶尔有一小段烧焦的伪装网，吉普车忽隐忽现地在对方眼皮下飞驰，我们的心都揪到嗓子眼了。10分钟过去了，像度过了漫长的人生。车在山脚下停下，终于闯过了"生死线"，回头望望看上去十分秀丽的山村景色，怎么会变得如此心悸？

　　战争使我在走完一段路程后突然长大。

　　任务完成了，每当我们战友集会谈起当年在前线的日子，我总是忘不了那有惊无险的"三转弯"。

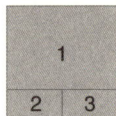

①1986年清明节在军人的墓地
②1986年在中越边境
③脱下军装生活在和平的阳光下

133

清水

纯洁的军旅岁月

中国人民解放军大事记

1976 年 7 月 28 日—1981 年 5 月 5 日

1976年7月28日
唐山抗震救灾

28日3时42分，河北省唐山市发生了举世骇然的大地震。这场大地震7.8级，震中烈度达11度，波及京、津、唐、秦及周围50余县，地震在顷刻之间将百万人口的唐山市夷为平地，把几十万人埋压在废墟之中，据统计，地震造成242469人死亡，164851重伤，直接经济损失达50亿元。解放军临危受命，抢险救灾，军委一声令下，10万大军飞奔唐山。北京军区和各军兵种的救灾部队，车流东进，沈阳军区劲旅挥师入关；济南军区部队星夜北上。各路大军风驰电掣般齐集唐山。陆军某军接到命令时，部队还分散在11个市、县执行任务，军、师、团3级主管和大部分机关干部远离营区。负责留守的两名军领导果断地命令部队从不同位置向唐山开拔，边行进，边动员。

部队赶赴唐山地震灾区

他们冒着倾盆大雨，经过12小时急行军，先头部队于当日22时30分抵达唐山。震后不到24小时，北京军区、沈阳军区、海军、空军、铁道兵、工程兵、装甲兵、基建工程兵的11个师另4个团、8个营，及大批医疗队，携带发电机、抽水机、推土机、通风机、运水车、救护车等机械、车辆，赶赴抗震救灾第一线。航空兵部队也同时开始了紧张的空运。河北省委第一书记刘子厚、北京军区副司令员肖选进和副政委万海峰、北京军区空军副司令员刘光裕等迅即组成抗震救灾前线指挥部，紧急部署救灾工作。救灾的首要任务是从废墟中抢救群众。原驻唐山灾区的部队，在自己同样遭受重大伤亡和损失的情况下，许多人不顾自身的伤痛和家属子女的危亡，从倒塌的房屋中冲出后，就马上去抢救人民，共

救出15800多人，占部队所救人数的96%。各路救灾大军赶到后，不顾长途跋涉的疲劳，不顾频频余震的危险，哪里有呼救声，就奔向哪里救人。在抗震救灾中，解放军官兵还承担了许多重要任务。如掩埋尸体7万具；喷洒药物、防止瘟疫流行；分发救灾物资，供应饮水和食品，维持居民生活等等；空军在唐山机场遭到严重破坏的情况下，起降飞机2800多架次，一个月内运出重伤员2万多人，支援物资2510吨，创造了中国航空调度史上的奇迹。同时，人民解放军还参与了震后重建唐山的伟大工程。基建工程兵和铁道兵派出部队2万多人开进唐山，参加工矿业的维修、扩建、重建和民用住宅建设。从1976年至1983年，基建工程兵在开滦煤矿即完成工业建筑92万多平方米，建筑安装工作量达2亿元多元，在全市兴建民用住宅83万平方米。铁的事实证明：中国人民解放军是人民子弟兵，是任何困难都吓不倒的铁军。

1976年10月6日
粉碎江青
反革命集团

1976年，江青、张春桥、姚文元、王洪文"四人帮"反革命

总政游行队伍

集团利用周恩来、朱德和毛泽东等老一辈无产阶级革命家相继逝世，党和人民处于严重困难时刻，加紧了篡夺党和国家最高领导权的阴谋活动。6日，中共中央政治局执行党和人民的意志，采取果断措施，一举粉碎江青反革命集团。华国锋、叶剑英、李先念等同志在粉碎"四人帮"的斗争中起了重要作用。在此过程中，人民解放军始终听从叶剑英等中央军委领导人的调动和指挥，严守纪律，坚守岗位，坚决支持中共中央政治局采取的果断措施，拥护粉碎江青反革命集团。粉碎林彪、江青两个反革命集团的胜利，结束了"文化大革命"这场灾难，我党我军进入了一个新的发展时期。

部队揭批"四人帮"反党集团罪行

1979年2月17日
边防部队被迫奋起还击越南侵略者

一个时期以来，越南当局疯狂推行地区霸权主义，武装侵略柬埔寨，以实现其建立"印度支那联邦"、称霸东南亚的野心。他们背信弃义，认友为敌，把长期全力支持越南抗法、抗美战争的中国，视为它推行地区霸权主义的最大障碍，当作"最直接、最危险的敌人"和"新的作战对

南疆自卫还击战中步坦协同前进

象"，反华、排华愈演愈烈。他们把20多万华裔和华侨强行赶入中国境内，对中国无理提出领土要求，宣称历来属于中国的西沙、南沙群岛为越南领土，并出兵侵占南沙群岛的一些岛屿，在中越边境地区进行武装挑衅，侵占中国领土，摧毁中国村庄，杀害中国军民，严重地威胁和破坏中国边境地区的四化建设与安全。对于越南侵略者的武装挑衅和入侵，中国政府和领导人多次提出劝告、警告和抗议，但越南当局一概置之不理。中国政府忍无可

忍，被迫决定对越南地区霸权主义者进行惩罚性的自卫还击作战。对越自卫还击作战，自17日起至3月16日止，历时28天。中国人民解放军边防部队在这次还击作战中，攻克了谅山、高平、老街3个省会和17个县、市（镇），给这些地区的越南正规部队和地方武装以歼灭性的打击，并摧毁了越南在北部地区针对我国构筑的大量军事设施。人民解放军边防部队在胜利地完成了预定的任务后，于3月16日全部撤回国内。

广西边防部队进攻高平

1981年5月5日
边防部队收复法卡山、扣林山

1979年对越自卫还击战后，人民解放军边防部队于3月5日全线停止进攻，撤回中国境内。越军趁此机会，侵占我国边境地区，不断袭扰、挑衅，打死打伤我边民，炸毁房屋、农田。对此，广西、云南边防部队奋起反击。5日，广西边防部队奋起反击，收复了法

卡山。当天，越军组织了近百人向法卡山反扑，被我边防部队击溃逃窜。7日，云南边防部队在忍无可忍的情况下，向扣林山越军

发起进攻。先以炮火急袭越军，随后分兵两路攻占高地，收复了扣林山。

法卡山阵地

1981年2月13日
新兵入伍要宣誓

13日，总参谋部、总政治部发出《关于新兵入伍宣誓的通知》。通知指出，将中国人民解放军《军人誓词》颁发全军执行，是为了恢复和发扬我军优良传统，加强新兵入伍教育，使每个战士负起革命军人的神圣职责。《军人誓词》是：1．坚决拥护中国共产党和中华人民共和国政府的领导，热爱社会主义祖国，全心全意为人民服务。2．坚决执行党的路线、方针、政策，遵守国家法律、法令，严格执行军队的条令、条例和规章制度，服从命令，听从指挥，爱护人民，积极参加社会主义建设。3．努力学习军事、政治、文化，苦练杀敌本领，爱护武器装备，保守军事机密，团结同志，艰苦奋斗，发扬我军优良传统，讲究社会主义精神文明。4．为了保卫祖国、保卫四化建设，不惜牺牲自己的一切，英勇善战，争取胜利。以上4项誓词，每个革命战士必须坚决履行。

军人誓词（宣传画）

李金成

[中国人民解放军64030部队]

　　李金成，1956年生于广东鹤山，1976年入伍湖南64030部队，历任战士、司务长、副连助理员、正连助理员、副营助理员、正营级队长，曾荣立3次个人三等功。1996年9月转业至鹤山市公安局巡逻大队任副教导员，2000年5月至今任鹤山市公安局监察股股长，2001年、2002年分别被本局、鹤山市、江门市、省厅评为优秀党员、优秀人民警察、先进工作者，并荣立个人三等功1次。李金成珍藏了很多部队时候的照片，这些照片让他瞬间回到了历史现场。他给我们讲述了很多老照片背后的故事，平凡、琐碎，却有一种温暖和激情穿透了时空。

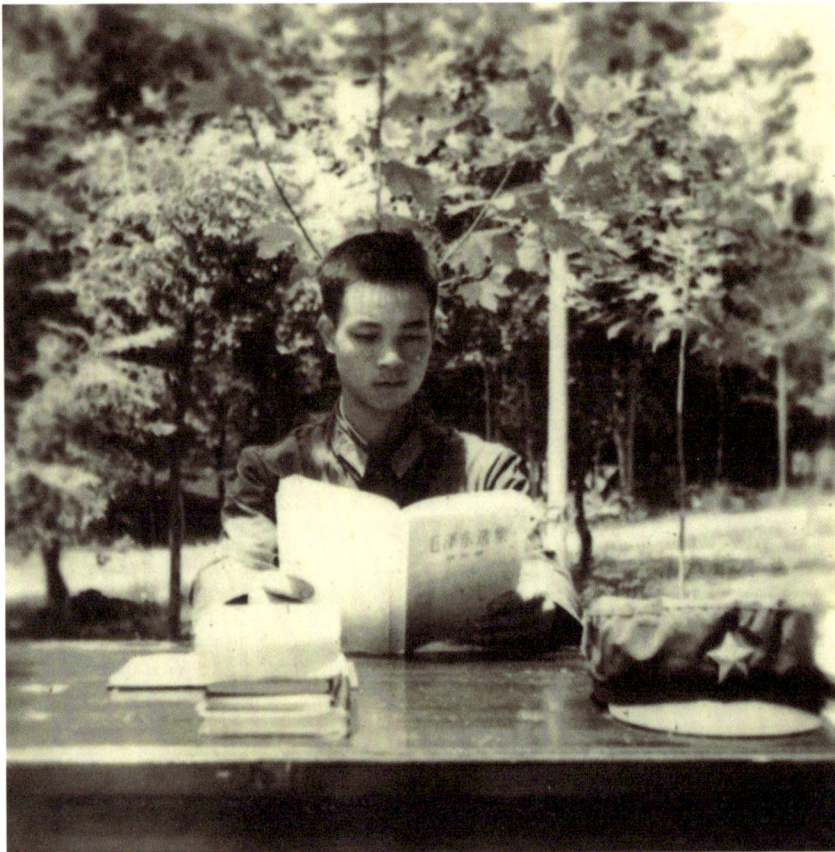

```
1
   2
```

①学习《毛选》，是每个战士的必修课。1977年7月，李金成光荣入党。每个周六，连队党支部都要组织党员集中学习。熟悉的红五星书包，朴素的《毛选》封面，还有那个一脸虔诚的英俊战士，让李金成回到了青春年代。每次看到它，李金成仿佛又回到了当年那个温暖的上午

②1976年，李金成还是一个新兵。每天都要站上一个小时的岗。他觉得自己持枪站岗的时候最帅，特意请人拍了这张相片寄回家里

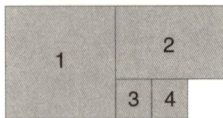

①1978 年，李金成担任连队通讯员，负责收发文件和送报纸。全连上下都认识他。看到战友忙，他经常主动帮手。"学雷锋，做好事"，是当时部队里最火热的景象。那天，他给炊事班送报纸，边与班长唠家常，边帮他检查大白菜。一家报社的记者刚好来采访，拍了这张照片。大白菜，报纸、邮车、朝阳，笑脸……

②是你们炊事班的全家福？

李：这是我 1980 年当司务长时照的，有两个炊事员去买菜还没回来。拍照的新闻干事问我要不要等？我说不等了。到时单独给他们照一张。右边第一个是当地的农民，烧得一手好菜，我们就把他请来了。

③1976 年的新兵留影

④1996 年 9 月，李金成转业。20 年的军旅生活就要结束，最后一次穿上军装，把祖国赋予的荣誉贴在心口，向着鲜红的军旗敬一个庄严的礼，然后走着正步迈向后方

1	2
	3 4

王翠华

[广州军区]

　　广东省遂溪县人，1977年入伍，曾在广州军区后勤部直供部通讯班，广州军区177医院工作。广州军区军医学校毕业。穿了22年的军装后1999年转业。

　　入伍时，15岁，当护理员，打水、送饭，个子小提不动，总有男兵帮忙。当通讯兵时，熟记1000个首长的电话，熟背3000个电话号码。后来当了护士。一干20年。在平凡的岗位上，默默地贡献青春。曾荣立三等功。

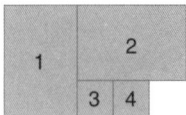

1	2	
	3	4

① 1978年，当通讯兵时留影
② 1980年与战友合影
③ 1978年在军区后勤当通讯兵
④ 1980年，与战友在医院合影

救死扶伤实行
革命的人道主义

① 1978 年在广州军区后勤直属供应部通讯连
② 1984 年，回故乡探亲
③ 1985 年在广州江村 177 医院留影
④ 发过两套军训用的迷彩服，在和平的时代，
　 很少有机会穿，偶尔穿一次，比穿时装的感
　 觉还好。女兵穿迷彩服照相，成为 90 年代
　 军营的时尚
⑤ 1986 年穿 86 式军装留影

蒋亚信

[桂林陆军学院]

广东茂名人，1956年7月出生，1976年12月入伍，1974年7月入党，1985年至1987年到南京陆军指挥学院学习，大专学历，历任侦察连班长、排长、副连长、指导员、军、师司令部副营、正营侦察参谋，桂林陆军学院侦察队队长，副团侦察教员等职；先后参加对越自卫还击战、对越侦察轮战，荣立二等战功两次，三等战功两次，平时三等战功两次。中校军衔。1994年转业，现任广东茂名市公安局政治处副主任、二级警督。

每当回忆起有枪声的军旅岁月时，总有无限的感慨涌上心头！

1	2	
	3	4	5

① 1983年蒋亚信与战友合影（左）
② 1988年与战友合影
③ 1983年的照片
④ 1985年换新装时留影
⑤ 2002年到外省招收干警

146

倪木炎

[广州军区]

倪木炎，1958 年重阳节出生，属狗，粤语戏称"九月九的狗"。16 岁高中毕业，17 岁参加工作，18 岁当兵，19 岁入党，20 岁提干。入伍前，当过民办教师、民兵营长，以及茂名市党的基本路线教育工作队队员。在部队，历任战士、班长、连部文书、营部书记、团政治处副主任、师军务科参谋、集团军组织处干事、桂林陆军学院教员、广州军区军训部参谋、组织部干事、副参谋长秘书、参谋长秘书、司令员秘书等职，33 岁团级军官转业。在地方，曾任广东省人事厅政策法规处副主任科员、主任科员、副处长，广东省推行国家公务员制度领导小组办公室副主任，广东省人才交流协会秘书长。

148

猫儿洞惊魂

■ 文／倪木炎

　　1979年2月17日，中越边境自卫还击战打响。2月27日晚，我作为中国人民解放军桂林步兵学校炮兵队的一名学员，随部队挥师南下，挺进越南战场，时年刚满20岁。因为我们都是学员，所以化整为零，分别被安排到前线各个作战连队。我被分配到43军某部1营迫击炮连，开始叫见习参谋，后来担任见习副连长。打仗的故事，一辈子也忘不了。

　　3月2日早晨，我和连部几个首长，爬上越南的一个高地，正在察看地形呢，突然"轰隆"一声巨响，泥土铺天盖地而来，打得我天旋地转，似乎魂飞魄散。瞬间一刻醒来，我抖了抖身上的尘土，摸摸手——还在，看看脚——还有，泪水不禁夺眶而出，因为上战场还没几天，紧张的心理本未消除，就碰到了这种惊险场面，我真的好怕好怕，好怕断了胳膊少了腿。原来，那是我们的工兵在埋雷时，不小心弄响了一大堆地雷，虽然不是敌人的狂轰乱炸，但战友那种阵亡的惨烈，以及受伤后的惨叫，实在令我揪心。幸亏地雷的铁壳碎片是扫在我的身侧，如果稍稍偏右一点，我将连敌人都还没有见着，就必定是长眠在异国他乡。

　　3月7日，也就是中央军委宣布3月5日撤军日期的第二天。晚上11点左右，我部奉命利用夜暗，迅速从越南禄平沿我爱店方向撤出，当我们奔袭大约五六公里时，上级突然命令我部以最快速度转移到××地区，掩护友邻部队撤离。我随连队再度奔袭，经过一夜的急行军，于3月8日上午10点来到越方390高地安营扎寨。这里山高林密，隐蔽条件较好，地形有利，易守难攻。步兵在高地正面的几个小山包部署兵力，我们炮兵在山顶开设指挥所，在反斜面山脚设置炮阵地，天黑之前按计划完成了布防任务。3月9日凌晨，突然几声枪响，我猛地从猫耳洞冲出，一头撞上洞顶的石块，顷刻头破血流，眼冒金星。因为战事紧张，我顾不得那么多，紧随连长一口气从山脚跑向山顶。正当我快要追上连长时，突然"吱……嗖"一声，几乎在我凭直觉卧倒的同时，一枚炮弹直愣愣的插在离我大约5米远的地方，炮弹尾翼露出地面显而易见。我没有别的办法，只有目瞪口呆。也许本能吧，两只手捂着耳朵，但心里还是想：完了，这回真的完了。"副连长，没事，那是哑炮。"指挥班班长比我大两岁，上战场也比我早些，还打过两次仗，他似乎蛮有经验，猫着腰过来报告："咱们赶快准备打炮吧。刚才营部急电，敌人正向我防御阵地反扑，步兵已在前沿阵地展开战斗，请求炮火支援。营长命令我们立即投入战斗，集中炮兵火力，支援步兵坚决打退敌人进攻！"连长迅即打开地图，对着我即行口述命令："副连长，你是军校炮兵专业的高才生，今天的炮火支援作战由你指挥，开始吧！"说

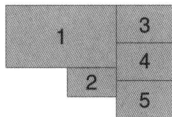

	3
1	4
2	5

① 1979年3月从越南战场凯旋归来
② 转业后近照
③ 1981年3月任桂林步校炮兵教员时留影
④ 1986年9月任广州军区首长秘书时留影
⑤ 1988年9月被授予少校军衔

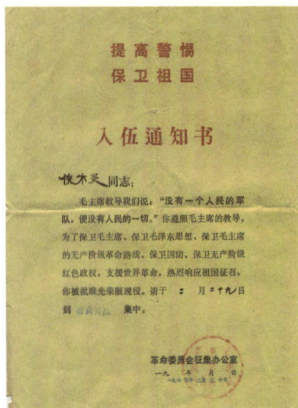

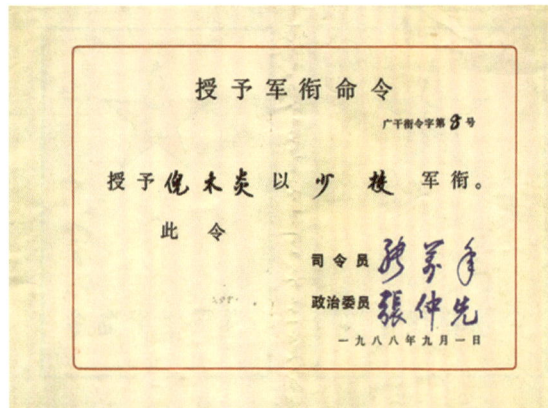

实在的，这头一次指挥打炮，我心里特别紧张，手发抖得厉害，但眼看敌人都逼上来了，我不能多想，只有快速反应："炮阵地注意，表尺××，方向××，一炮一发，放！"随着"吱……哐"一声炮响，步兵连长在步谈机里大喊："好，炮兵老大哥，就这样给我狠狠地打！"也许使用越南地图较为快捷准确，这一炮正好打得敌人飞尸走肉。连长顿时捶我一拳："试射效果不错，可以加大火力，实施炮火袭击！"我大声回答："是！"随即第二道指令脱口而出："一排二排都有，以一炮为基准，各炮3发准备，间隔5秒，连续射击，放！"我这一声令下，十几发炮弹"轰隆轰隆"响个不停，先后准确落入敌阵。据前沿步兵报告，这次炮火袭击，大约消灭敌军100多人。

越军稍作调整后，很快又向我步兵发起攻击。记得上午11时左右，敌人的攻势越来越猛。他们变换小群多路的战术，四处向我步兵前沿阵地扑来，其兵力几乎遍布整个山坡，形势异常紧急。好在我们的指挥所居高临下，能直接观察到前沿阵地的敌我态势，我们看到哪里的敌人密集就向哪里开炮，看到哪里的情况紧急就向哪里轰炸，就这样，我们从上午11点一直打到下午5点，中午饭也顾不上吃。为了保证炮火不间断，我们只好把剩下的5门迫击炮（另一门被炸坏）分成两组轮流射击，3门火炮发射炮弹时，另外两门火炮休息，依次交替，直到战斗胜利。

经过整整一天的战斗，我疲惫不堪，非常累。好不容易撤回炮阵地，本想好好喘口气，吃顿好饭，然而怎么也没想到，敌人的一群群炮弹，突然向我们炮阵地砸来，大约每隔三几分钟就有一群炮弹落下，情况十分紧急。我赶紧钻进猫耳洞，一边观察动静，一边准备好冲锋枪，还特意把4颗手榴弹摆上洞口，以便随时与偷袭炮阵地的敌人作最后的生死搏斗。好在营部首长当机立断，命令我们利用炮火间隙，迅速带领部队冲出去，这样才避免了我们的伤亡。然而，我还是躲不过死神的追赶，刚冲出不远，敌人的机枪马上向我扫来，我迅即跳进旁边的土坑，结果军用水壶被击穿一个大洞。可惜，我没有留下这个水壶，因为当时根本就没想到还会有今天。

①1980年7月在河南某部练习操纵反坦克导弹
②1976年2月在家乡接到的《入伍通知书》
③1979年3月在桂林被授予的中越边境自卫还击战纪念章
④1988年9月在柳州接到的《授予军衔命令》
⑤1979年3月在越南战场某高地的战后合影
⑥1976年3月在海南岛当新兵时的照片

吴志强

[兰州军区空军]

　　1958 年 9 月出生于广州市番禺区。1976 年 12 月至 1981 年 6 月，空军 16 航空学校通信大队战士；此后历任财务股助理、股长、科长等职；1996 年 3 月至 2000 年 6 月，任空军 16 飞行学院后勤部部长；2000 年 10 月至 2001 年 7 月，河源市民政局任副局长；2001 年 8 月至今，任河源市人民防空办公室主任。

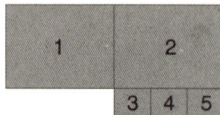

1	2	
	3	4	5

① 1996 年参加空军济南后勤工作研讨会
② 1996 年检查后勤装备，时任后勤部长
③ 1976 年到甘肃省平凉市入伍
④ 1986 年在甘肃省平凉市军营与战友合影
⑤ 1990 年在毛泽东书法石碑前

153

桂　萍

[国防科工委]

　　桂萍，从小在军营长大，15 岁时应
征入伍，在西安卫星中心某部服役。毕
业于国防科工委医训队。后调到广州军
医某医院工作，1987 年转业，现在广州
市从事外贸工作。

　　经常翻阅当兵时的影集，尽管年轻时
很幼稚，但总是有很多很多纯真的东西和
激情燃烧的岁月值得回忆……

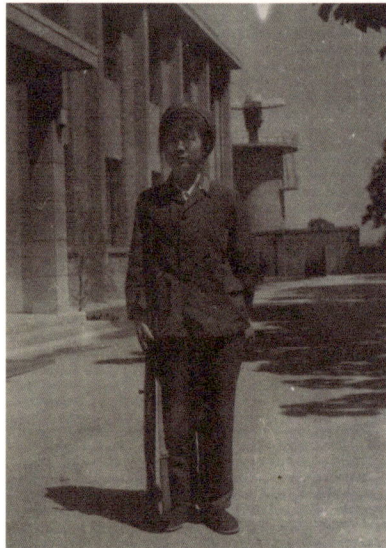

① 1977 年，新兵连训练留影（左二）
② 转业前留影
③ 15 岁入伍，第一次站岗
④ 在西北某基地医院，假日与战友合影
⑤ 国防科工委医训队毕业留念
⑥ 老式军装
⑦ 转业后，重返北方看雪

张　佳

［武警边防部队］

　　张佳，1958 年 2 月出生，原籍广东东莞市。1975 年 9 月至 1977 年 10 月，下乡知青，插队到广西凭祥市友谊乡前进大队，任知青组长、大队团支部副书记、机关民兵排长等职；1978 年至 1987 年 10 月，在凭祥市公安局边防派出所、武警凭祥边防大队、武警南宁地区支队工作。历任边防民警、干事、参谋等职。全程参与了对越自卫还击战，曾被评为公安保卫先进工作者，共青团凭祥市委授予"新长征突击手"称号、三次授嘉奖、一次集体三等功。1987 年 10 月至 1995 年 2 月，转业到广西进出口贸易公司，任报关员、业务员、第四进出口部副经理等职。1995 年 2 月至今，调黄埔海关工作，任东莞海关监察室主任、黄埔海关驻新港海关、太平海关纪检监察特派员、一级关务督察。曾获全国海关纪检监察先进工作者。

① 2005 年 5 月提任黄埔海关纪检监察特派员时的工作照
② 1979 年 2 月 17 日对越自卫还击战打响后，26 日凭祥市公安局边防大队情报人员进入琼山公安屯，返回时的留影

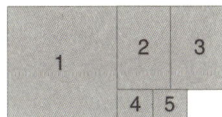

1	2	3
	4	5

① 1981 年对越旱季作战时在叫隘边防派出所的留影。当时叫隘村、边检站、学校、派出所遭越南军队数百发炮弹攻击，损失严重

② 1985 年元月 16 日，着便装，以中国红十字会工作人员身份出现，迎接我方被俘人员时同战友的合影

③ 1981 年在法卡山战斗期间，维护凭祥市的社会治安

④ 1980 年 7 月转为现役军人正排职军官的照片

⑤ 1979 年 2 月许世友进入越南视察战况时，入住凭祥市国旅饭店，承担外围警戒时与战友合影

徐冬宁

[广州军区军医学校]

1961 年出生，1979 年入伍，1986年入党，1991 年荣立三等功一次。曾先后担任广后某医院技师、政治处干事、广州军区某院校政治部干事、学员队正营职队长等职。1997 年转业到中国光大银行广州分行任科长，一年半后，被提升为总经理，曾任五羊支行副行长，现任支行行长。

因为在军旅生涯中吸取了忠诚、智慧、勇敢的养分，所以在商海波涛中就有了自信、从容、拼搏的根基。

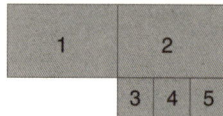

1		2		
		3	4	5

①天安门是军人心中最神圣的地方
②岳父也是一位老军人，他说：脱下军装后要
　永葆本色
③入伍前在湘西大山沟军营里长大
④未满 18 岁就被父亲送到广西当兵
⑤1980 年，父亲来到部队看望儿子

161

杨朝芬

[广西边防部队]

1979年2月17日，"轰隆"一声巨响，敌暗堡被炸， 部队顺利攻下了高地，因此，杨朝芬这个名字就迅即传遍了全军上下，响遍了全国各地。他是第一个被中央军委授予的战斗英雄，是"黄继光式的战斗英雄"，是"活着的黄继光"。杨朝芬，广东徐闻人，1958年4月生，1978年3月入伍，广西边防1团21连战士，1979年2月火线入党，历任战士、排长、指导员、营教导员、团政治处副主任、师干部科科长、军分区政治部副主任等职。杨朝芬1998年转业到地方工作，现任深圳侨社实业股份有限公司纪检书记。

在炮火中成长，青春献给了祖国的边疆。现在一家人生活在深圳和平的阳光里。英雄的称号，留给永远睡在边关的战友。

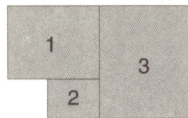

①1980年与战友在边防线上站岗放哨（左）
②年轻时的杨朝芬
③1979年在战火中的杨朝芬

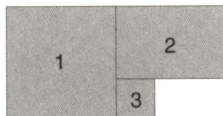

① 给少先队员讲战斗的故事
② 1986 年杨朝芬（前右）与战友们在
　左复山坑道口
③ 转业后，与家人在深圳生活

背着

每月六元的津贴上街

中国人民解放军大事记

1981 年 9 月 20 日—1985 年 11 月 18 日

1981年9月20日
人民解放军在华北某地举行军事演习和盛大阅兵

本月，人民解放军北京部队和空军部队某部在华北某地举行了一次现代条件下的军事演习，向党和人民汇报我军加速现代化、正规化革命军队建设的成就。中共中央军委主席邓小平观看了演习，检阅了参加演习的陆军、空军以及部分海军部队，并讲了话。党和国家、军队领导人观看了演习并检阅了参加演习的部队。这次演习和阅兵，是在党的十一届六中全会精神鼓舞下进行的。参加演习和受阅的有炮兵、装甲兵、工程兵等技术兵种，还有空军航空兵和空降兵部队等。这次演习，组织严密，准备充分，诸军兵种密切协同，"红"、"蓝"两军对阵"激战"，较好地体现了现代战争的特点，达到了预期的目的。演习充分体现了我军指战员继承和发扬优良的革命传统和战斗作风，具有严格的组织纪律、出色的指挥艺术和熟练的战术技术素养，武器装备也有了很大改善。用毛泽东思想武装起来的人民解放军，是一支训练有素的、有战斗力的、完全可以信赖和依靠的强大人民武装力量。演习结束后，举行了盛大阅兵。这次阅兵，生动地显示了人民军队朝气蓬勃向现代化大步迈进的战斗英姿和威武阵容。

本月，邓小平主席在华北某地观看军事演习（左起：秦基伟、邓小平）

1982年3月1日
全军在"文明礼貌月"活动中成绩显著

本月，在第一个"全民文明礼貌月"活动中，全军广大指战员学雷锋、做表率、树新风，积极行动，为建设社会主义精神文明做出了显著成绩。这一活动开展后，全军广大指战员积极响应党中央和中央军委的号召，利用各种机会和宣传工具向群众热情宣传建设社会主义精神文明、开展"全民文明礼貌月"活动的意义；组织浩浩荡荡的力量，配合地方大力开展"全民文明礼貌月"活动，协助驻地群众清理环境，维护公共秩序，开展植树造林。凡是有部队驻防的地方，当地的面貌都有了较大的改观。驻城镇的部队，特别是驻大城市的部队，更是投入了大量人力、物力，抓住重点，做出了成效。声势浩大的"全民文明礼貌月"活动，推动了全军以"四有三讲两不怕"为中心的建设社会主义精神文明活动的开展。广大干部战士在有理想、守纪律、讲道德和发扬艰苦奋斗革命传统方面，有了新的进步。

全民文明礼貌月第一天

1982年9月16日
人民解放军进行精简整编

为适应军队现代化建设和诸兵合同作战指挥的需要，加强对兵种部队的集中统一领导，中央军委报请中共中央批准，决定从1日起，将军委炮兵、装甲兵、工程兵领导机关，分别改为总参谋部炮兵部、装甲兵部、工程兵部，铁道兵领导机关与铁道部合并；基建工程兵撤销。与此同时，撤销中国人民解放军炮兵、装甲兵、工程兵领导机关。中央军委指出，军委炮兵、装甲兵、工程兵自组建以来，在部队建设、施工训练、干部培养、装备科研等方面做了大量工作，完成了各项任务，为我军由单一兵种向诸军兵种合成军队发展作出了重大的贡献。16日，中央军委下达军队体制改革精简整编方案，以便适应国际形势的发展和国民经济的调整情况，加速人民解放军革命化、现代化、正规化建设。《方案》提出了精简整编的方针、原则、定额分配以及实施的步骤和要求。

1983年4月6日

中国人民武装警察部队总部成立

6日，中国人民武装警察部队总部在北京成立。李刚任司令员，公安部长赵苍璧兼任政治委员。总部其他领导成员有：副司令员兼后勤部长何鸿业、副政治委员娄殿英、副政治委员兼政治部主任李振军、参谋长张永堂。总部受公安部直接领导。在各省、自治区和直辖市，编设武警总队，下辖支队、大队和站、所，受上级人民武装警察系统的领导，并在当地中国共产党委员会、政府和公安部门的领导下进行工作。

中国人民武装警察部队，是根据党中央、国务院、中央军委的决定，将中国人民解放军担负内卫执勤任务的部队，同公安部门实行的兵役制的武装警察、边防警察和消防警察，统一组建而成。属公安系统。其任务是：维护国家主权和尊严，维护社会治安，保卫党和国家的重要目标，保卫人民生命财产的安全。中国人民武装警察部队服从中央军委统一领导，执行中华人民共和国兵役法，执行中国人民解放军的命令、条例。

1985年5月1日

全军干部战士换穿新式服装

1日，经中央军委批准，全军干部战士换穿新式服装。改革后的新式服装，军职以上干部为纯毛料服装，师、团职为混纺毛料服装，营以下干部和战士仍为布料服装；全军干部和男战士戴大沿帽，女战士戴无沿帽，帽徽为"五星八一"军徽，领章加缀了军种符号，干部领章、肩章的颜色按军种作了区分。

陆军战士服

海军战士服

空军战士服

1985年1月5日

我军培养两用人才获突破性进展

《解放军报》本月2日报道，1984年我军培养军地两用人才工作取得突破性进展：全军有200多万名战士参加两用知识和技能的学习，绝大多数掌握了1～2门以上的专业技术，有43万多人经过地方考试，取得了专业结业或技术等级证书。1984年的培养两用人才工作较前两年无论广度和深度都有了新的发展，概括起来有以下5个特点：一是各单位都把培养两用人才作为服务于国家建设大局的重要内容，认真加强领导。舟山现场经验交流以后，很多部队将这项工作纳入了教育训练计划。二是各部队发挥驻地和自身的优势，采取多种形式办学，走出了自学、自育、军民共育、地方代育、多层次渠道办学的路子。各部队还重视以才生财，以财养才，使培养两用人才工作良性循环。三是育才的效果越来越好。学习内容由开始有什么条件开什么课，发展到适应农村发展商品生产和城市经济体制改革需要定向培养。组织形式已由营连分散办班逐步转向以团集中办班，建立育才中心、育才基地为主。四是两用人才在国家和军队建设中发挥的作用越来越大。干部战士运用学到的知识和技能，投身于教育训练和各项改革，收到了令人满意的效果。部队"小能人"、"小专家"越来越多，有的攻克了具有国际水平的科研项目，有的登上了国家科技发明领奖台。五是地方对使用两用人才的兴趣越来越浓。全国许多地方相继创办两用人才介绍所，有的还成立了"军地两用人才服务公司"。某部今年退伍1000多名战士，已有600多人被招聘。不少部队反映这是多年少见的事。

1985年11月18日

革命烈士一次抚恤金标准有调整

18日，根据国务院、中央军委有关文件精神，民政部和财政部发出《关于调整革命烈士一次抚恤金标准的通告》。《通告》规定，对1984年4月1日以后牺牲经批准为革命烈士的军人和其他人员一次抚恤金标准进行调整。调整后的一次抚恤金标准高于过去的标准，具体为：烈士生前有工资收入的，按其牺牲时40个月工资计发；烈士生前无工资收入或工资低于军队23级正排职干部工资标准的，按其牺牲时军队23级正排职干部的40个月工资计发。被中央军委或大军区授予英雄模范称号的烈士，增发应领一次抚恤金的1／3。荣立二等功以上的军队、参战民兵民工被批准为烈士的，增发应领一次抚恤金的1／4。1984年4月1日以后牺牲经批准为革命烈士，已发了一次抚恤金的，应按新的标准补发其不足部分。《通知》要求，为便于地方政府贯彻新的一次抚恤金标准的规定，应将烈士牺牲时的职务、军龄或工龄、工资级别等通知烈士家属居住地的县、市、市辖区人民政府。

王 毅

[广西军区]

　　1960 年 3 月生于重庆市。1976 年毕业于华南师范学院附中，1976 年 9 月至 1978 年在广东番禺当知青。1978 年 11 月应征入伍，在广西桂林 181 医院工作。1985 至 1988 年在第一军医大学读书。毕业后在 177 医院耳鼻喉科工作。现为广东省第二人民医院医生。

①在桂林骆驼山
②快乐的女兵
③1979 年在桂林 181 医院

170

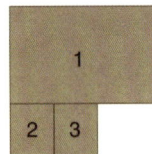

①1980 年为伤病员喂饭
②做好护理工作是卫生兵的天职
③在值班室留影

李旭辉

[北京军区空军]

①李旭辉（中）1978 年踏入军校留影
② 2003 年的照片
③李旭辉1978 年参加高考的准考证

1962 年 10 月生于广东省博罗县，1978 年 9 月至 1982 年 11 月，就读于北京空军第二高射炮兵学院计算机专业；1983 年 2 月至 1987 年 9 月，在北京军区空军雷达兵第 16 团计算机站任技师、助理工程师；1987 年 9 月至 1990 年 3 月，在北京邮电学院计算机应用专业读硕士；1990 年 3 月至 1992 年 9 月，在广州军区空军防空混成十旅任作战参谋、教员；1992 年 9 月至 1999 年 7 月，转业到广东省邮电系统工作，历任广东省邮电技术中心开发室助理工程师、工程师、计费部副主任，广东省邮电科学技术研究院多媒体部副部长。1998 年取得高级工程师任职资格；1999 年 7 月，调到广东省邮政局工作，历任广东省邮政信息技术局副总工、局长助理、局长。

选择军校，给青春最绿色的记忆。

甘水波

[广西边防部队]

　　1956 年 8 月出生于广东省高要市。1976 年参加工作，1979 年参加中国人民解放军，先后在广西边防某部、广东省肇庆军分区、广东预备役师步兵某部，广东省怀集县人武部、广东省肇庆市鼎湖区人武部服役。历任战士、班长、排长、副指导员、指导员、参谋、干事、助理员、营长、团政治处主任，人武部党委书记、政委等职，上校军衔。1981 年 5 月参加法卡山战斗，荣获一等战斗功臣表彰。参加广西边防后勤保障工作，获广西军区通令嘉奖。

　　2000 年 10 月转业到地方工作，担任肇庆市公安局交警支队政委、支队长。

　　英雄在和平年代，在平凡的工作与生活中，更能体现英雄的品德。

1	3	5
		6
2	4	

① 1981 年在阵地侦察
② 1981 年立功后的荣誉照
③ 1979 年在友谊关站岗
④ 1996 年 3 月广州军区政治委员史玉孝
  上将视察肇庆军分区留影（第二排右五
  为甘水波）
⑤ 1984 年在广西边防某部参加阅兵比武
⑥ 与广州军区司令员刘镇武合影

王东飚

[空降兵]

王东飚,广东遂溪人。1959年12月生,1978年3月入伍,1980年7月入党,大学本科学历。先后在武汉军区空军空降兵第43师128团、广州军区空军航空兵第2师、广州军区空军政治部、广州军区空军司令部、广州军区空军司令部通信训练大队服役,历任战士、电影组长、宣传干事、组织干事、教导员、组织科长、空军中校,曾荣立三等功2次。2002年9月转业,现任黄埔海关监察室综合科科长。

| 1 | 2 | 3 |
| | 4 | 5 |

① 1978年3月于开封
② 1979年跳伞训练
③ 1978年滑翔机训练
④ 1978年跳伞训练
⑤ 1979年从军第一年
留影于开封相国寺

一个伞兵的情结

■ 文 / 王东飚

1978 年 3 月，我应征入伍，来到中原古城开封，成为一名光荣的伞兵。2007 年 3 月 11 日，借出差的机会，我又回到离别二十多年的老部队，并荣幸观看了部队的空中跳伞。岁月逝去，往事如梦，虽相隔多年，但曾经伞兵生活，那由蓝天、白云、银鹰、伞兵汇成一道美丽彩虹的情景，战友们那充满紧张、自豪而又带有几分害怕的神情，宛如昨天历历在目，一幕幕往事又呈现在我的眼前……

那天早上，迎着朝霞，我与战友们带着叠好的降落伞到机场等待上飞机。等待跳伞是最紧张的时刻，心里像揣着一只兔子，上下跳个不停。但一当上了飞机，从空中往下跳出，伞打开后，自己就像一只小鸟，自由自在地在空中飞翔，俯视大地、黄河、村庄、田野、大路纵横交错，一目了然。我在空中操纵着降落伞，忽左忽右，加速减速，就像是开着汽车在宽广的原野上狂奔一样，这种感觉真是好舒服、好愉快呀。那天我们是跳两次伞，我跳完第一次伞后，赶紧收好伞从着陆场又返回机场，等待上飞机跳第二次伞。记得当时是上午九点多种，我朝着陆场方向望去，只见一朵朵伞花似白云在天上飘浮，一群群小鸟追逐着伞兵们，构成一幅美丽的风景线，真是太美了。我们跳伞的飞机是原苏联制造的安—2型小运输机，每架飞机坐 10 人。正当我入迷地远眺着陆场上空时，一个意外的情况发生了：一架飞机投放后只打开了 9 具伞。我感到纳闷：是不是坐少了一个人？但一看又感到不对头，虽然是九具伞，但却同时也看到一个黑点在垂直快速落下。这时，我心里格登了一下，出事了！果然不出所料，一个战友因主伞没有完全张开，挂在胸前的备份伞也未能打开而坠下。当时，我的班长还安慰我，没事的，还在医院抢救呢。我心里紧张、难过和不知所适，不会抽烟的我，居然找一名老兵要了一支烟抽了起来。我想利用香烟的刺激缓和心中的不安。学会抽烟也是从那次开始的。后来听说牺牲的这个战友是山东人，1977 年兵，比我早入伍一年。此时，我想起入伍后，老兵给我讲的"空中救战友的故事"：有一年，在跳伞训练中，由于第二次跳伞的一名新兵跳离飞机后，因为动作不好，降落伞没有打开，眼看着一场惨剧就要发生，危急之时，第一架次的一名老兵驾驭自己的伞，冒着双伞相撞、同时失效的危险，一下子勇敢地飞快冲过去，将该名新兵抱住，两人同坐一只伞落地。伞兵都知道，跳伞着陆时的冲击力是 395 公斤，两人加起来是 790 公斤的冲击力。结果这名老兵先着地而负了重伤，那名新兵却安然无恙。部队为表彰这名老兵的英勇行为，给他记了三等功，并在部队广泛开展向他学习活动。而这次，我的这名战友就没有这么好的运气了，要是再发生一起空中救战友的创举那该多好啊。

这件事故对我和战友们打击很大。有的战友坐着飞机不敢跳又跟着飞机回来了，当上了"副驾驶"。伞兵不跳伞那能干嘛？那就安排养猪、种菜吧！伞兵生涯也就从此结束了。我同班的有一个战友，晚上梦见自己离开飞机后伞没有打开掉下来，心想完了！结果第二天醒来，才知道自己是做梦拉着蚊帐往下跳呢！有一次跳伞，当我抱着伞走到飞机门口时，由于害怕犹豫了一下，结果被伞训干部推了下去。作为伞兵、作为军人，危险、牺牲可能随时都会发生，如果因为危险而退缩，因为牺牲而逃避，那就是孬种！那件事情慢慢被淡忘，之后，我和战友们又喊着"是英雄是好汉八百米高空比比看"的口号投入到紧张、艰苦的跳伞之中……

1985 年，我离开了工作生活 8 年之久的伞兵部队，但伞兵的情结仍然在我心中留存。我经常想念曾经战斗过的土地，留恋那曾经遨游过的蓝天，思念曾经共同战斗的战友。

① 1981 年在武汉黄鹤楼
② 1979 年在部队电影组放电影
③ 1986 年在遂溪机场蔡小强同学（右二）来探望。
　蔡小强现为香港中文大学学院院长，博士生导师
④ 1994 年广州空军通讯训练大队教导员与战士合影
⑤ 2007 年 3 月回老部队同年轻的伞兵合影

陈国安

[北京军区空军]

　　1963 年 12 月出生，1980 年 10 月应征入伍，在北京军区空军服役。1982 年 9 月在空军地空导弹学院学习；1984 年 7 月起任部队排长、副连级技术助理、指导员；1993 年 10 月转业到广东河源市公安局；1996 年任市公安局政治处干部组副组长；1998 年任市公安局干部科副科长；2000 年就任市公安局干部科、人事科科长、出入境签证科科长。先后三次荣立三等功，1999 年度被广东省公安厅评为"广东省人民满意警察"。

　　保存好军旅的照片，也保存着青春的岁月，保存着一颗颗爱党爱民的心。

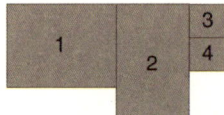

① 1991 年在北京奥运村
② 1986 年在广西中越边境
③ 1985 年在广西宁明
④ 2001 年在公安局工作

中越边境留念
1986 广西

181

李一文

[广州军区空军]

　　1980 年 8 月参加高考从广州入伍，1984 年毕业于中国人民解放军理工大学，历任广州军区空军航空兵某部工程师、广州军区空军司令部少校参谋，荣立过三等功。1995 年转业到广州海珠区公安分局刑警大队，现任仲恺农业技术学院校产办主任。

① 1988 年在广空遂溪机场
② 1986 年在广州军区北坡靶场空炮合练

	1		5
2	3	4	

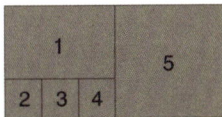

①1983 年与大学同学合影（右二）
②1983 年在军校留影
③1994 年与妻子曹阳、女儿在一起
④1995 年转业在公安局工作
⑤1988 年在训练飞行

刘 锋

[兰州军区]

　　刘锋，山东陵县人，1963年3月出生于四川成都。1980年8月由地方考入部队院校学习，1983年7月毕业，在兰州军区，历任班长、排长、参谋、副指导员、指导员、作训股长。先后荣立三等功四次（其中一次战功）。任排长期间，曾参加了1983年8月初的陕西安康被淹抢险救灾，并率领所在排荣立集体三等功，受到上级党委的通报表彰；1984年底因积极创新训练教学器材和教具获奖；1985年11月至1987年6月赴云南老山前线执行轮战任务，组织并参与了著名的"十·一四"对越作战出击拔点任务，轮战期间能参善谋，英勇作战，出色地完成了上级党委赋予的各项任务，荣立战功三等功一次；1988年8月调入某集团军司令部任作战参谋，1993年11月调入广州军区司令部作战部任作战参谋、正团职副处长（上校）等职。2002年转业。现任广州黄埔海关纪检监察特派员。

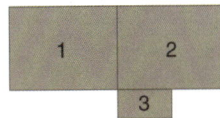

① 1986 年，参与老山轮战前军事
　演习战场指挥
② 1986 年云南老山前线某团指挥
　所出击作战实战部队指挥
③ 精心训练手枪射击

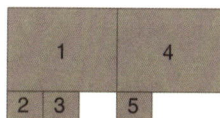

① 1985 年在老山主峰（右）
② 1986 年瞻仰烈士坟
③ 1985 年在老山猫耳洞
④ 1998 年在广西边防与战士一起
⑤ 给战士作英模人物报告会

朱建军

[武汉军区]

出生于1965年4月，党员。

1981年10月至1982年8月，在武汉军区高炮63师医训队学习；1982年8月至1984年9月，在武汉军区高炮71师医院工作；1984年9月至1987年9月，在武汉军区军医学校学习；1987年9月至1988年4月，在广州军区第121师医院，其间参加军区文艺汇演，立三等功一次；1988年4月至1994年12月，在广州军区181医院工作；1994年12月至1998年4月，挂职在军转办；1998年4月至2000年7月，在广西区江滨医院一内科工作；2000年7月至2001年7月，在广州医学院全科医生进修班学习；2001年9月，广州市天河区沙东大街社区卫生服务站站长。

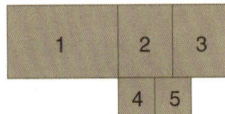

1		2	3
	4	5	

① 在武汉军区护训队
② 13年的军旅岁月，收获了一生的激情
③ 2003年广州市沙东大街社区卫生服务站
④ 新兵照片
⑤ 1986年游漓江

李 炎

[广州军区空军]

空军少校，1981年入伍当了一名雷达兵，随后入空军雷达学院学习，从此以高山、海岛为家，以白云、浪花为伴，在广州空军某雷达部队奉献了十几年的青春年华。又经空军政治学院深造，这段时间的学习塑造了一个军人的理论素养，于是改行从事部队思想政治工作。

1999年，穿了18年的军装不得不脱下了。从部队到地方，转业到了羊城晚报业集团人力资源开发部，从事人力资源工作。

翻看过去的老照片，我有一些感慨，妻子在一旁看，突然她说："怎么你的照片几乎都是以高山大海作背景？"真的！这竟是我从未发觉的。或许是当雷达兵的经历，让我对高山、大海有特殊的情感。我想，正是这特殊的情结，才使我拥有了高山的坚毅，大海的旷达。

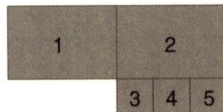

1	2	
	3	4	5

① 1986年10月，在粤东沿海实弹射击训练后留影
② 1986年春，戎装伉俪
③ 训练之余小憩
④ 1983年，在空军雷达学院
⑤ 2001年12月，在杭州为《羊城晚报》招聘大学生

张 洁

[中国人民解放军54428部队]

　　1965年12月出生于广西柳州市，
1982年10月入伍中国人民解放军广州军
区54428部队。成为一名文艺女兵。多次
受到部队嘉奖。1986年10月退伍回到广
西柳州市劳动局工作。1990年1月调到广
州市番禺建设局工作至今。助理经济师。
中央党校函授学院在读本科生。

1	2	3
		4	5

① "1982年入伍照，那年我17岁。"
② 1985年7月送别战友，"开始我们还有联系，但现在彼此
　都不知道对方在哪里，过得怎么样？"（左）
③ 1985年与部队最要好的战友留影。"退伍后我们同时回到广
　西柳州市工作。四年后我却来到了广州。她现在已经当了领
　导。当年我们走在一起时，很多男士都偷偷看过来。"（右）
④ "1987年退伍后的我，常常怀想军营。很多人都说，走出
　军营的我更美了。"
⑤ 1983年1月的结业证书

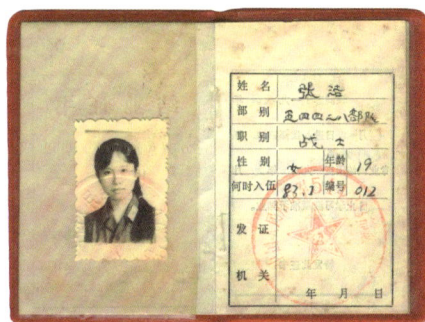

刘冬成

[空军导弹部队]

　　1968 年 11 月出生于湖南省耒阳市大市乡。1986 年入伍，上尉军衔。曾为中国人民解放军地空导弹部队 10 旅 311 营战士，并担任班长、技师、司务长、军需助理等职。2 次荣立过三等功。2003 年转业到广州市环卫局，现任广州环卫局直属单位车队队长。

　　只读过两年书的孤儿刘冬成在军营的 18 年里，一步一个脚印地成长，从不识几个大字到学会写信，写报告。从空军勤务学院到广东行政学院，再攻读中央党校政法专业，用 11 年的时间完成了从小学到大学本科的学业。成为军人自学成才的标兵。在刘冬成的军旅词典里没有困难这个词，只要上级布置的任务，他都想方设法完成，这是首长特别喜欢他的地方。

　　两次到大西北军演的经历，一列列军用火车西行的情景，使刘冬成体会了祖国的含义，也成为一生成长的动力。

①军列西行，路过故乡。1987 年，
　刘冬成在西北军演途中
②当司务长时的工作照

197

1		4	
2	3	5	

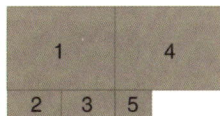

① 1987年8月与战友齐永全、张瑞文合影（右）
② 1987年在驻地
③ 1987年在空军石家庄军供站
④ 1987年在甘肃军训现场
⑤ 2006年在东北长白山

编　后

　　今年是中国人民解放军诞生80周年。在八一建军节即将来临之际，《老兵照片》第一册出版了。我们一年来的耕耘，终于有了收获。

　　编辑老兵照片，原则上按入伍时间的先后排列。老兵们送来的照片，能用的都用了。但由于当时照相设备和技术的局限，不是每个人的照片都很精彩。这给排版带来了很大的难度，要保持原照片的全貌，又要体现现代图书的创新设计。在这一点上，我们一直在苦苦求索，各种视觉表达方案一试再试。光是这项工作，就进行了好几个月时间。

　　老兵的照片虽然只是记录了老兵个人的历史。但我们在编辑时，增加了中国人民解放军大事记的篇幅。为此，我们翻阅了近40年的《解放军报》和近年出版的军史专著，摘录了几十篇中国人民解放军大事记的文字和照片。在这里，对选用了资料的《解放军报》和军事科学院军事历史研究部、广东省人事厅《广东人事》杂志社等单位表达深深的谢意。

　　由于第一册的编辑时间过长，一些送来照片的老兵职务又晋升或调动工作了，在简历里不能及时地改正过来，有出入的，请老兵们谅解。

　　用照片记录军人的青春，记录人生的经历，是《老兵照片》丛书的宗旨，我们会一直把这项工作坚持下去。在中华大地，有千千万万当过兵的人，他们的青春与热血，爱和忠诚，甚至生命都献给了祖国和人民。把他们的照片和经历收集出版，是让大家能清晰看到，祖国钢铁长城的每一块砖，每一粒沙土都有生命的质感。

　　《老兵照片》第一册的出版，仅仅是这项工作的开始。我们打算在今年八一建军节前还出版二至三册。然后每年出若干册，欢迎转业退伍老兵踊跃投稿。

　　如果你对编辑好《老兵照片》有什么建议和想法，请同我们联系。因为我们一直都在思考、探索着，把《老兵照片》丛书办的更好。

《老兵照片》丛书编辑部